圖解版

有趣到睡不著 世界宗教

大正大學文學部教授
星川啓慈 監修
KEIJI HOSHIKAWA

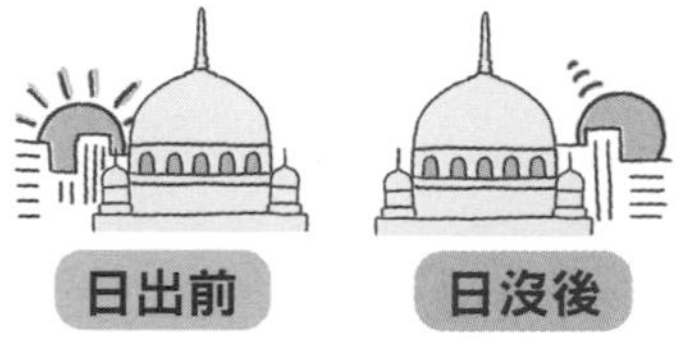

穆斯林將信仰落實於
日常生活的具體表現有哪些？

佛教是如何
發揚光大的呢？

耶穌的傳道內容
是什麼呢？

晨星出版

前言

「請問各位，你們覺得人活著是為什麼呢？」

我想，如果突然被這麼一問，大部分的人都不知道該如何回答吧。就連我本人，也不是隨時都把這個問題放在心上。不過，這類的問題有時候會浮上我的心頭。

另外，我猜各位也不是常常想到「死亡」這件事吧。不過有些人會因為某些契機或因緣際會之下，轉而開始思考有關死亡的問題。

自古以來，宗教便是不斷回答有關「人為什麼要活著」「人要以什麼樣的態度面對死亡」，以及「我到底是誰」這樣的疑問。

當然，宗教替人解惑的部分不僅如此。當我們因為「為了身邊的人，自己該做什麼才好」「該怎麼做才能使社會變得更好」而陷入不知所措的情況時，宗教也提供了解答。

正因如此，從人類出現以來直到今天，即使宗教的型態不斷在改變，信徒卻依然追隨。即使是沒有信奉某個特定「宗教」的人，也存在著某種程度的「宗教心」。我想，透過許多小說、電影、動畫作品，都可理解這一點。

然而，宗教的形象並非全然正面。例如有關「宗教是否為戰爭的導火線」的議題，正反兩派論戰已久，至今仍爭論不休。就我看來，兩大陣營的對立幾乎是勢均力敵，很難斷言是哪一邊占上風。但起碼有一點無法否認的是，「宗教確實有可能成為引發戰爭的原因之一」。

一直以來，我都不斷思索著「宗教間的對話」或「宗教與戰爭的關係」之類的問題。我認為，同時著眼於宗教對人生和社會所發揮的正面效益，以及引發戰爭的負面影響，不是也十分重要嗎？

舉例而言，「消滅恐攻分子」的見解，或許和宗教的「正義戰爭理論」（為了維護正義與和平，在不得已的情況下使用最小所需武力的立場）有關。維護正義與和平的重要性，我想無需贅言。當然，只因為打著維護正義的旗幟，便輕易容許殺人、殺戮，也絕對是法理難容的行為。

如同上述，宗教有時會和上述的難題有著密不可分的關係。

＊　＊　＊

本書透過淺顯易懂的說明，加上圖片和照片的輔助，為讀者介紹各種宗教，其中以世界三大宗教為主。不知道讀到這裡，各位是否感受到我這股「希望能讓各位讀者掌握宗教精髓」的企圖心呢？

除了如何面對生死，在掌握現今國際化社會與世界各種宗教之間的關係方面，我衷心期望本書對各位也能發揮些許的參考價值。

2020年7月吉日

星川啓慈

目次

有趣到睡不著 圖解版 世界宗教

第2章 伊斯蘭教——阿拉是絕對依歸

第3章 佛教——佛陀領悟的人生真理

第5章 世界上的其他宗教——從土著宗教乃至新興宗教

＊出自日本外務省的資料

世界三大宗教的大略分布

在各自的範圍內也可能摻雜了其他宗教。
三大宗教以外，信奉印度教或中國儒教、道教等傳統宗教的信徒也很多。

為什麼世界上存在著形形色色的宗教

從人心的層面思考宗教為何物

人類是極為脆弱的存在。從古至今，人類始終面臨著天崩地裂等各種自然災難的威脅，對死亡也抱持著恐懼感。

當人實際感受到大自然的偉大，或宇宙的浩瀚時，一股宗教情懷油然而生，或許是極為自然的反應。

如同我在「前言」所述，人即使沒有特別信仰特定的宗教，但是在很多場合還是會自然地雙手合十，萌生出信仰心。

基於這點，我們可以説宗教基本上是隨著人類的誕生而成形。從古代遺址可以找到證據，因為我們從中發現了曾經進行咒術、祝禱、祈願等宗教活動的遺跡。另外，目前已發現距今6萬年前的尼安德塔人會埋葬死者。由此可見，知道古代的人們想得到自己置身的環境下，冥冥之中有一套由神所創造的超乎人類智慧的普遍性秩序與法則，也絲毫不足為奇了。

另外，針對擔心人死後會如何的疑問和恐懼，有人認為可以從宗教找到答案。

既然能夠替人消弭對死亡或對存在感到不安的是宗教，那麼反過來説，宗教的起源正是基於人類面對死亡與天災的恐懼與不安。

再者，為了解釋自己所在的世界，人們必須接受一套特定的秩序與法則；當一群具備共同想法、志同道合的人聚在一起，形形色色的宗教集團（教團）便儼然成形了。教團便是藉由建立教義和教典，進行傳教和做禮拜等活動，以及興建信仰場所而逐漸發展而成的。

全世界信仰各宗教的人口比例

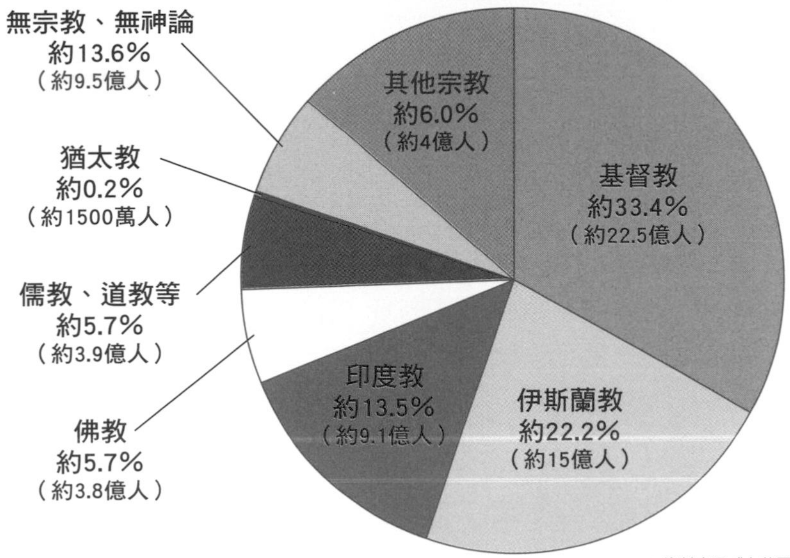

＊資料來源《大英國際年鑑》等

除了號稱為世界三大宗教的基督教、伊斯蘭教、佛教，世界上也存在著其他形形色色的宗教與教派。不論是哪一個宗教，都是歷經上述的過程延續至今，在世界上接受信徒的信仰。

宗教可分為民族宗教和創唱宗教兩類

還有一點，當我們在思考世界上的宗教何其多的原因時，從「民族宗教」和「創唱宗教」的觀點下手，應該也能得到不少線索。

所謂的民族宗教，就是創始者和起源不明，而是隨著民族的形成不知何時也一起形成的信仰型態。各個民族所流傳的神話和傳承都各自受到重視。有些民族也相信自己的國王或酋長，甚至是整個民族都是「被神揀選的人」或神的末裔。

神話可大致分為創世神話和英雄神話兩類。

所謂的創世神話，其故事情節的展開有兩種模式：一是描述世界源起於如何從一片混沌中找到秩序的過程；二是自己的民族和文化形成的過程。

另一方面，較知名的英雄神話則包括日本的倭建命（日本武尊）和須佐之男命、希臘神話的阿基里斯和赫拉克勒斯、日耳曼神話的齊格飛等。

日本的神道教、中國的道教、印度的吠陀教、中東的猶太教等，都是具代表性的民族宗教。

相較於此，創唱宗教則有明確的創始者，教義和發展的歷史也相當清楚。具代表性的宗教包括基督教、伊斯蘭教、佛教。

但是，不僅上述已在世界各地普及的宗教，在許多地區也存在著小規模的創唱宗教。不過，這些宗教的創始者，畢竟只是創立一個新興宗教的人物，就不包括路德教派之類的領袖。

由筏馱摩那創立的耆那教、那納克創立的錫克教等皆屬於創唱宗教。而日本也有為數不少的創唱宗教，包括由中山美伎創立的天理教、赤澤文治創立的金光教、由出口直和王仁三郎創立的大本教等。

創唱宗教的特徵包括其誕生深受該地區自古存在的民族宗教所影響等。具體而言，佛教和耆那教深受吠陀教影響，而基督教和伊斯蘭教則受到猶太教影響，至於錫克教則是受到印度教影響。

此外，說到日本的新興宗教，佛教系統和神道教系統則分別受到傳統的佛教宗派和神道教影響而誕生。最後，請各位記住這個原則，翻開第1章的內文吧。

第 1 章

基督教

耶穌倡導
的神之愛

起源

基督教

教祖耶穌的生平為何？

32歲開始傳教，最後被釘死在十字架

依據《新約聖經》的《福音書》（參照20頁），耶穌大約在西元前4年出生於拿撒勒，此地位於現在以色列的加利利地區；歿於西元30年前後。據說他的父親名為約瑟夫，母親名為馬利亞，而且也有兄弟姊妹。**耶穌是猶太人，所以在猶太會堂做禮拜，並在此學習猶太人的律法＊。**

他後來繼承父親的工作成為木匠，賺錢撫養母親馬利亞與兄弟。32歲時，他在約旦河邊接受猶太教的宣教士約翰為他洗禮。之後，他持續在荒野修行，也開始講道，身邊漸漸有門徒聚集。他主要在加利利傳教，不過也去了幾次耶路撒冷。

耶穌從事的傳教活動，可總結為「**主耶和華的靈在我身上；神差遣我來，是為了把信息傳達給貧苦的人**」。這樣的教誨，讓耶穌從無法透過選民思想（只有被神所揀選的人才能獲得拯救的思想）得到救贖、飽受欺凌的貧苦猶太人得到莫大的支持。

此外，據說耶穌也展現了醫治病患、使死者復生的奇蹟。

然而，對嚴格遵守猶太律法，自詡為道德高尚的法利賽派的宗教領袖而言，耶穌是危險的異端分子。最後，耶穌被門徒猶大背叛，以謀反的罪名被捕，在各各他山上被處以十字架刑。

耶穌實際進行傳教的時間大約兩年，據說被處以極刑的時候是34～35歲左右。

耶穌的活動與生平

耶穌的活動地圖

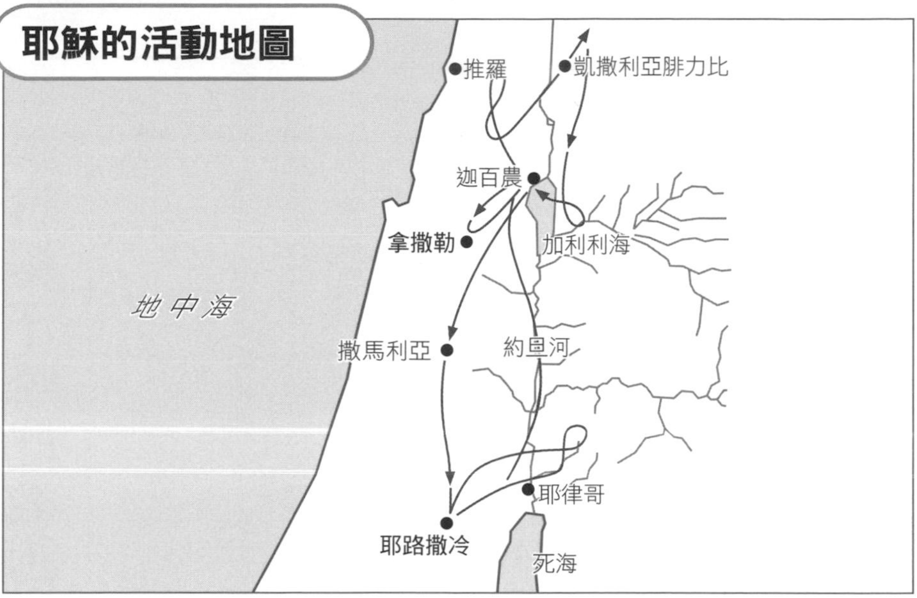

耶穌的生平

誕生

約西元前4年

受洗

約32歲，在約旦河由約翰為他受洗。

修行

在荒野受到魔鬼試探，禁食40天。

被處刑

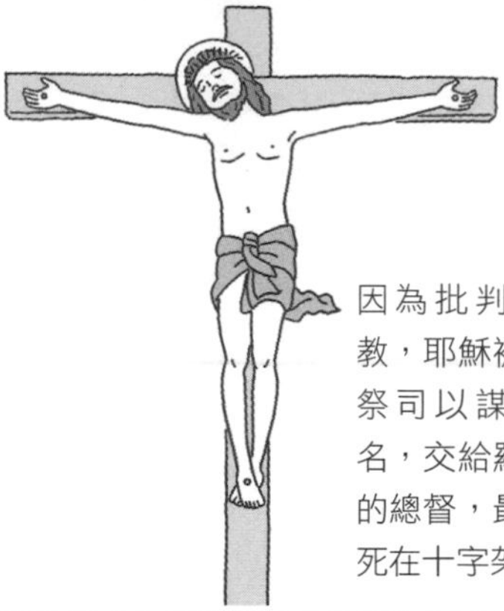

因為批判了猶太教，耶穌被猶太教祭司以謀反的罪名，交給羅馬帝國的總督，最後被釘死在十字架上。

＊ **律法**：法律、規範和戒律。定義因宗教而異，以基督教而言，意味著生活上的規範。也有人認為指的是《舊約聖經》所有的內容。

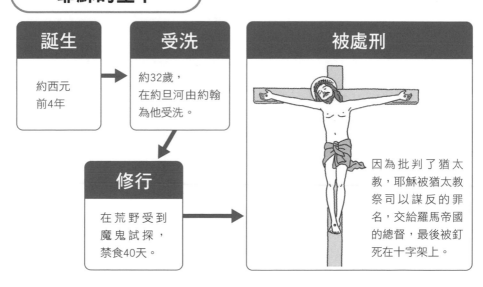

教義

耶穌宣揚了哪些教誨？

耶穌說「你要愛神和你的鄰人」

基督教的本質可說是「神的愛」。舉例而言，《路加福音》中有一節便提到「貧窮的人有福了，因為神的國是你們的。現在飢餓的人有福了，因為你們將得飽足。現在哭泣的人有福了，因為你們將要歡笑。」解釋了何謂「神的愛」。

如同前面已經說明，耶穌在西元28年左右，由猶太教的傳教士約翰替他受洗。約翰主張以嚴格律法著稱的猶太教必須改革，發起了宗教改革運動，而耶穌也受到其影響，宣揚「神的愛」，獨自展開傳教活動。

傳統的猶太教強調的是「神的正義」。一旦強調正義，能夠得到救贖的只有「強者」和「善人」。相較於此，耶穌則站在「弱者」的立場，強調「神的愛」，即使對「弱者」和「罪人」都伸出援手，因而受到廣大的支持。

簡單來說，耶穌的教義核心即是「**你們要像神愛你們一樣愛神**」「**愛鄰舍如同愛自己**」。換言之，只要做到像神愛自己一樣去愛神，就能開啟救贖的道路。

如果說猶太教的神是「下達處罰的神」，那麼**基督教的神就是「給予寬恕的神」**。我想，歐美的「希望別人怎麼對你，先要怎麼對別人」的普世價值觀，或許就是這種宗教背景下的產物吧。

耶穌的教誨

「你們要像神愛你們一樣愛神」

耶穌舉目看著門徒，說：你們貧窮的人有福了！因為神的國是你們的。你們飢餓的人有福了！因為你們將要飽足。你們哀哭的人有福了！因為你們將要喜笑。

人為人子恨惡你們，拒絕你們，辱罵你們，棄掉你們的名以為是惡，你們就有福了。（路加福音／第6章 20～22節）

「愛鄰舍如同愛自己」

實踐基督教「愛」的精神的德蕾莎修女（1910～1997年）雕像。她秉持著「愛鄰人」的心，向許多貧苦的人伸出援手，1979年榮獲諾貝爾和平獎。她也被天主教會視為聖人，在印度許多地方都建立了紀念她的雕像。

教義

基督教

基督教教義的根本在哪裡？

「三位一體」的思想是根本教義之一

如前頁所述，**基督教的信仰核心就是耶穌替全人類贖罪**。基督教的神，會以愛與憐憫帶領著眾人，並且賜予祝福與恩寵。

基督教把神稱為「天父」。天父不但是絕對唯一的神，也擁有三種不同的面貌。分別是「身為造物主的父神」「身為救世主（彌賽亞）＊的神之子耶穌」「身為聖靈的神」。

基督教將此稱為「三位一體」，並將之視為最核心的教義。那麼，為什麼唯一的神會具備三種不同的面貌呢？基督教除了把創始者耶穌視為被神派遣到世上的存在，同時也把耶穌視為神本身。

為了說明這一點所應運而生的，就是「三位一體」的思想。換句話說，**神以耶穌這個人的身分降臨世上；當耶穌回到神的身邊，神就會派遣神聖的靈（聖靈）代替耶穌**。這個概念和耶穌在死後三日復活的奇蹟互相呼應。

「三位一體」是基督教固有的概念，首次出現是在《新約聖經》。不過，針對三位一體的思想，各方的看法不同，至今論爭無數。從這個意義而言，我們或許可以說，基督教的教義是「永無止境」。

「三位一體」是基督教的教義

神雖然是唯一的存在，但是祂的實體是「天父、聖子（耶穌）、聖靈」三種位格。

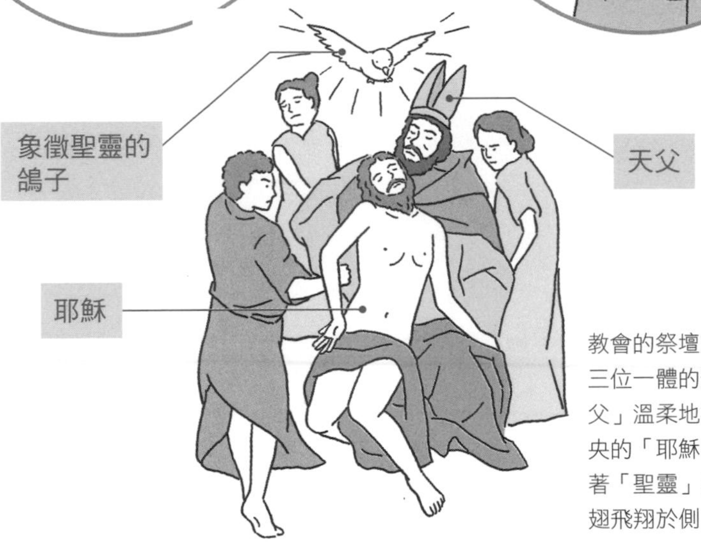

教會的祭壇畫所描繪的三位一體的形象。「天父」溫柔地抱住位於中央的「耶穌」，而象徵著「聖靈」的鴿子則振翅飛翔於側。

＊ **救世主**：被視為拯救人類和世界的人物。以基督教而言就是耶穌，猶太教則認為尚未到來。

教典

基督教

《舊約聖經》和《新約聖經》有什麼不同？

記錄希伯來人的歷史與耶穌的言行等

基督教把《舊約聖經》和《新約聖經》奉為兩大聖典。其中的《舊約聖經》，原本為猶太教的聖典，基於「與神訂立的古老誓約」的意義，被稱為《舊約聖經》。

《舊約聖經》的核心是希伯來人的歷史，因此重點在於歷史觀的解讀方式。全書共有39卷，其中的《摩西五經（律法書）》，記錄了從開天闢地到人類誕生、以色列王國的誕生與分裂、巴比倫的囚虜*等希伯來人的歷史。

相較於《舊約聖經》，意味著「與神訂立的新誓約」的《新約聖經》，如左頁所示，全書共分為27卷。開頭的4卷書是記錄耶穌言行的《福音書》，其次是記錄跟隨耶穌的早期門徒們傳道經過的《使徒行傳》。

最後是《若望默示錄》，其內容詳細敘述了世界末日與耶穌的勝利。據說，文中暗示信仰必獲得最終的勝利，讓無數苦於迫害的信徒從中得到勇氣。

《新約聖經》的內容相當多樣化，也記錄了耶穌言行和早期基督教的重要證詞和傳承。原本其內容不只一個版本，這是彙整了耶穌死後100年左右的各種紀錄與傳承的結果所致。

由27卷構成的新約聖經

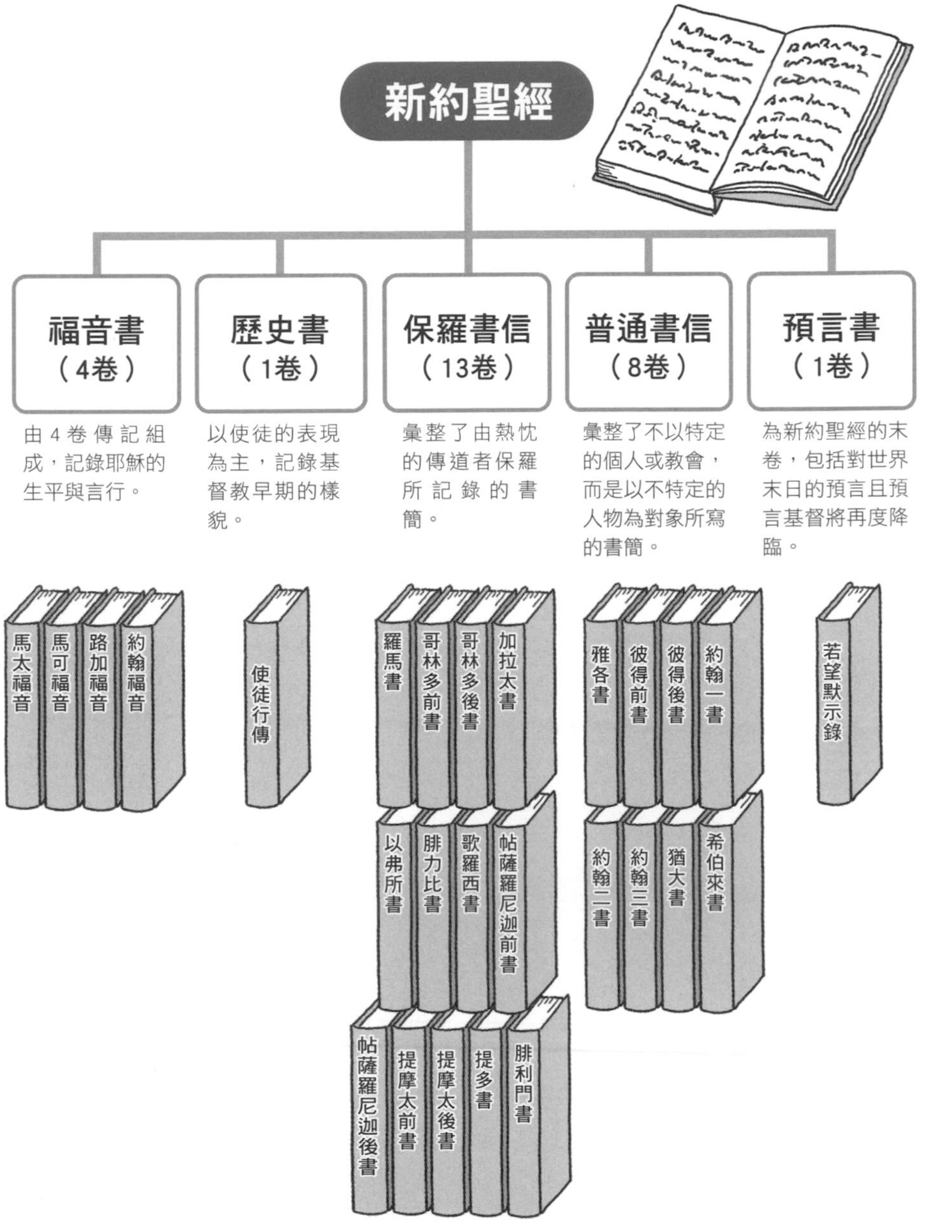

新約聖經
福音書（4卷）
由4卷傳記組成，記錄耶穌的生平與言行。
歷史書（1卷）
以使徒的表現為主，記錄基督教早期的樣貌。
保羅書信（13卷）
彙整了由熱忱的傳道者保羅所記錄的書簡。
普通書信（8卷）
彙整了不以特定的個人或教會，而是以不特定的人物為對象所寫的書簡。
預言書（1卷）
為新約聖經的末卷，包括對世界末日的預言且預言基督將再度降臨。
馬太福音
馬可福音
路加福音
約翰福音
使徒行傳
羅馬書
哥林多前書
哥林多後書
加拉太書
以弗所書
腓力比書
歌羅西書
帖薩羅尼迦前書
帖薩羅尼迦後書
提摩太前書
提摩太後書
提多書
腓利門書
雅各書
彼得前書
彼得後書
約翰一書
約翰二書
約翰三書
猶大書
希伯來書
若望默示錄

* **巴比倫的囚虜**：指的是當西元前586年，猶大王國被巴比倫征服時，有許多古猶太人被擄往巴比倫的歷史事件。古猶太人約在半世紀後的西元前538年獲得解放。

發展

基督教

成為羅馬帝國國教以後的發展為何？

隨著羅馬帝國的發展與分裂數次浮沉

耶穌死後，猶太人仍持續遭到迫害。不過，**在熱忱的傳道者保羅的大力奔走之下，基督教從地中海沿岸地區開始，向希臘、羅馬傳播開來。**面對日益盛行的基督教，羅馬帝國*開始產生恐動搖國本的危機意識，因此加重了對基督教的迫害。

儘管基督教受到打壓，但基督教的傳布地區卻持續擴大，終於在西元313年，羅馬皇帝正式宣告基督教為帝國內公認的宗教。到了**西元392年，基督教被立為羅馬帝國的「國教」**。相對地，教會則轉為依附在國家的行政體系，受到皇帝管轄。

西元395年，羅馬帝國分裂為東羅馬帝國和西羅馬帝國；東羅馬帝國把君士坦丁堡（現在的伊斯坦堡）設為新首都，於是君士坦丁堡基督教會的地位也隨之提高。相反地，羅馬的傳統教會勢力則被削弱。造成君士坦丁堡教會與羅馬教會勢力不分軒輊、相互競爭的結果。

西羅馬帝國在西元476年因異族入侵而亡國之後，失去後盾的西方教會處境變得更加艱困，但教會和教皇仍保有獨立於帝國的權力。東方教會則歸東羅馬帝國管轄。**西元962年，神聖羅馬帝國以復興西羅馬帝國為名，於今日的德國成立，而西方教會＝羅馬天主教的教皇，則和皇帝一同並列為神聖羅馬帝國的元首。**

基督教的發展　成爲羅馬的國教

早期基督教會遭受的迫害

尼祿的迫害

把羅馬大火怪罪於基督徒，對基督徒施以火刑等刑罰。

戴克里先迫害

強迫基督徒參加崇奉羅馬諸神的祭典儀式。

成為公認的羅馬國教

- 313 年　君士坦丁大帝頒布米蘭敕令
- 322 年　承認基督教的合法地位
- 392 年　狄奥多西一世將基督教訂為國教
- 756 年　法蘭克國王丕平將土地獻與教宗
➡教宗國的開始

---

* **羅馬帝國**：在古代為西洋最大的帝國。大約建國於西元前8世紀，巔峰時期為西元2世紀，領土範圍東及小亞細亞、西至伊比利亞半島、南至非洲（地中海沿岸）、北至不列顛群島。

發展

基督教

十字軍東征的真正目的為何？

以奪回聖地為名，但也有獲利的意圖

11世紀的地中海地區，存在著神聖羅馬帝國（羅馬天主教會）和東羅馬帝國（東方正教）。當時位於東羅馬帝國東邊的伊斯蘭教，勢力不斷擴張，其勢力範圍甚至遠及北非和伊比利亞半島，對基督教勢力無疑造成威脅。

終於，穆斯林王朝*之一的塞爾柱王朝占領了巴勒斯坦地區。於是，**在東西羅馬帝國的協助下組成了十字軍，除了以奪回聖地耶路撒冷為名，同時也著眼於政治、經濟上的利益**。西元1096年，以法蘭西人為主力的第一次十字軍東征出發了，他們在1099年占領了耶路撒冷，建立了耶路撒冷王國。之後，其占領的地區也逐漸擴展。

然而，就結果而言，十字軍卻造成當時已分裂的伊斯蘭勢力重新凝聚向心力。十字軍總共被派遣了7次，最後卻因伊斯蘭勢力的反擊被驅趕到西亞。

節節敗退的十字軍，終究無法完成原本收復聖地的目的。

支持十字軍的宗教理念是，耶路撒冷是耶穌的受難地，因此把回到聖墓（耶穌基督的墓）朝聖視為最崇高的目的。雖然十字軍的終極目標是從異教徒手中奪回聖地，但基督教、猶太教和伊斯蘭教針對聖地耶路撒冷所引發的紛爭，如左頁所示，直到今天都尚未結束。

耶路撒冷　三種宗教的聖地

基督教

●耶穌的聖墓
建立了聖墓教堂。

猶太教

●神殿
西邊的外牆又有「嘆息牆」之稱（參照109頁）。

伊斯蘭教

●第三聖地
建有稱為「岩石圓頂」的清真寺等。

＊ **穆斯林王朝**：由穆斯林的君主「蘇丹」所統治的國家。賽爾柱王朝的年代是11～12世紀，當時的版圖在現在的伊朗、伊拉克、土庫曼一帶。

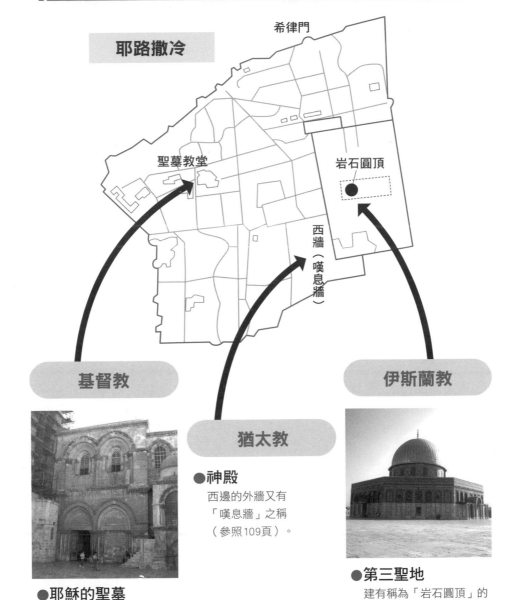

發展

基督教

所謂的宗教改革，最後演變成什麼樣的運動？

否定沿襲已久的教會，展開新的教派活動

到了15世紀，羅馬教會的教皇為了解決財政困難，濫發贖罪券＊。沒想到此舉引起各方對羅馬教會的批判，天主教內部也出現必須進行宗教改革的聲浪。

開出改革第一槍的是德國的馬丁路德。**16世紀在大學擔任神學教授的路德，出版了許多宗教書籍，批評教廷並鼓吹宗教改革**。

順帶一提，當時馬丁路德發起宗教改革，其中功不可沒的是當時甫問世的活字印刷術。

馬丁路德的運動很快就被稱為原意是「抗議者」的「Protestatio」，也就是所謂的「新教」。

相較於舊有的教派＝天主教派，新興的教派＝Protestatio的發展也逐漸壯大。路德所提倡的新教，其核心思想包括因信稱義、唯獨聖經、萬民皆祭司。

所謂的因信稱義，意思是人無需仰賴善行，秉持信仰，就能被神判為無罪。唯獨聖經的意思是把聖經當作唯一的信仰根據，否定了傳承主義。至於萬人皆祭司，意思是不論是神職人員還是一介信徒，在神面前都一樣同為祭司。

繼路德之後，喀爾文也在瑞士主導宗教改革，進行教會制度的改革等工作。另外，英國剛好也面臨國王離婚的問題，於是以此為契機，推行宗教改革，另創英國國教。

此次的宗教改革之後，因為新舊兩派之爭，導致宗教戰爭在各地頻傳。

新教的傳布與主張

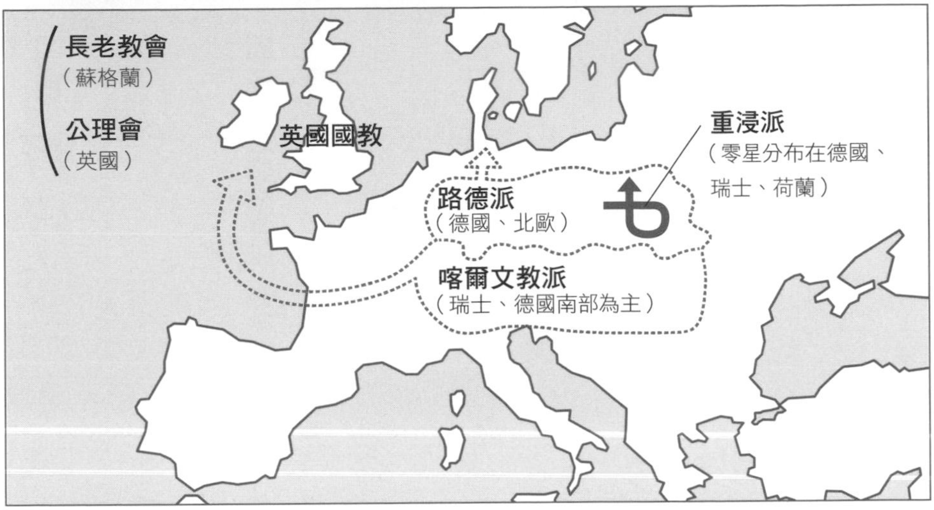

主張

天主教會	新教
行善	**因信稱義** 重視信仰
傳承主義	**唯獨聖經** 聖經是信仰的根據
神職者與一般信徒的區別	萬民皆祭司

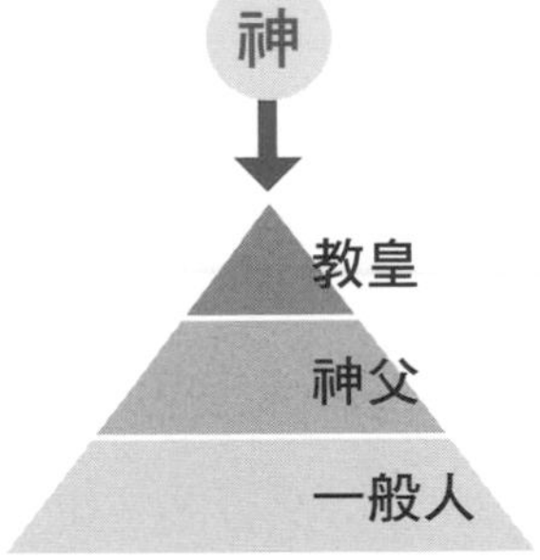

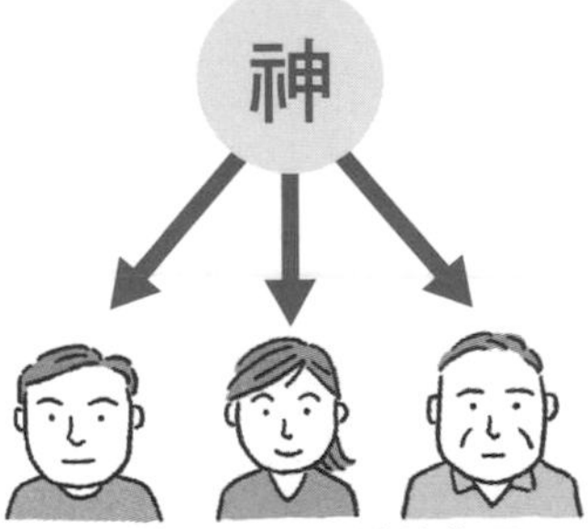

所有的人一律是神的祭司

* **贖罪券**：透過捐款等方式以赦免罪刑時所發行的證書。起源於中世紀末期，目的是教會為了增加財源。後來發行的量愈來愈多，出現濫發的問題。

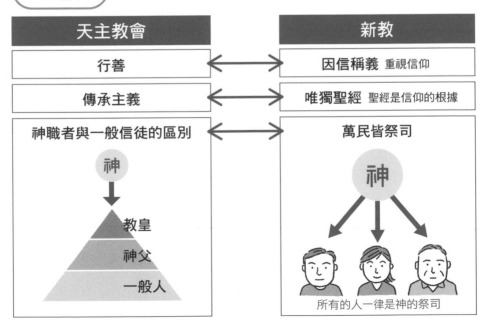

戒律

基督教

基督教的「十誡」是什麼？

戒律的內容是要求獻身給神，並且愛自己的鄰人

耶穌向人們傳達的各種教誨中，其中最重要的思想是身為人的職責是愛神與愛人。如16～17頁提到的「你們要像神愛你們一樣愛神」「愛鄰舍如同愛自己」，即是最具代表性的兩條。

那麼，身為一個基督徒所應遵守的戒律，又是源自何處？答案是《舊約聖經》中的《出埃及記》提到的十誡，其內容如左頁所示。

所謂的《出埃及記》，描述的是摩西＊帶領著在埃及被奴役的猶太人離開埃及的故事。十誡便是摩西在西奈半島的荒野得到的由神所頒布的「戒律」。

其中，**從第一誡到第四誡屬於宗教上的戒律，要求信徒要獻身給神。從第五誡到第十誡，則是強調對鄰人的愛。換言之就是有關倫理根本的戒律**。

順帶一提，《舊約聖經》中的《創世紀》，描述的是神開創天地萬物的故事。當中詳述神花了6天的時間，創造了光、日夜、太陽、月亮、海洋、陸地、動植物等萬物。最後，神按照自己的形象造人，由人掌管萬物。

等到造物的工程完成，神便在第7天休息。

另外，《舊約聖經》也收錄了〈亞當與夏娃〉〈諾亞方舟〉〈巴別塔〉等家喻戶曉的故事。

基督教的戒律——十誡的內容是什麼？

＊ **摩西**：活躍於西元前16～西元前13世紀的古代以色列的民族領袖。最知名的事蹟是將紅海一分為二，闢出一條通道。

儀式

基督教

在教會舉行的儀式有哪些？

天主教會與新教各有不同的聖禮

整個基督教派裡有許多規範和儀式，其中以天主教最甚。提到其形成的背景，就不能不談「聖禮」（Sacrament）的概念。

基督教徒認為透過各種儀式感受到與神連結，並且藉由各種聖禮得到恩寵，就能被神拯救。

舉例而言，正式加入基督教，成為教徒之前，必須做出信仰告白及入教，而入教的儀式稱為「洗禮」。以天主教會而言，雙親會在孩子出生後替他安排受洗，此種受洗稱為嬰兒受洗。接受嬰兒受洗的孩子，等到成長到能夠為自己的信仰負責的階段時，就會進行信仰告白（堅信禮），從此才被視為一個能夠獨當一面的基督徒。

在教會舉行的各種儀式當中，地位最重要的是彌撒（新教稱為禮拜）。**也就是每到週日，信徒聚集在教堂，一起讀經、聆聽講道、祈禱、合唱讚美詩等**。

比較特別的是，把象徵耶穌體血的餅與葡萄酒施予信徒的「領聖體」，在彌撒中具備重要的意義。在進行聖餐禮的儀式時，天主教會對流程的規定尤其嚴格，相較之下，新教的做法則具備很大的彈性。

另外，在左頁列舉的7項聖禮當中，被新教視為重要聖禮的僅有洗禮和領聖體。

7 項聖禮

洗禮

許多神職者會在出生沒多久的嬰兒額頭灑水，並為嬰兒命名。有些教派的做法是等到成人才讓教徒領受洗禮，也有些教派的做法是全身都要浸在水裡。

領聖體（聖餐禮）

將象徵耶穌體血的餅與葡萄酒（或葡萄汁）施予教徒。意義是讓教徒參與基督的受難與復活，加強與教會的連結。

告解

教徒說出自己犯的罪，表示懺悔，並獲得神職人員赦免。

婚禮

在教堂由神職人員主持證婚。象徵基督與教會在靈性上合而為一，也意味著神的子民增加了。

膏油禮（塗油）

為病人及臨終者塗油，進行臨終祝禱。塗抹聖油等於是臨終的準備。

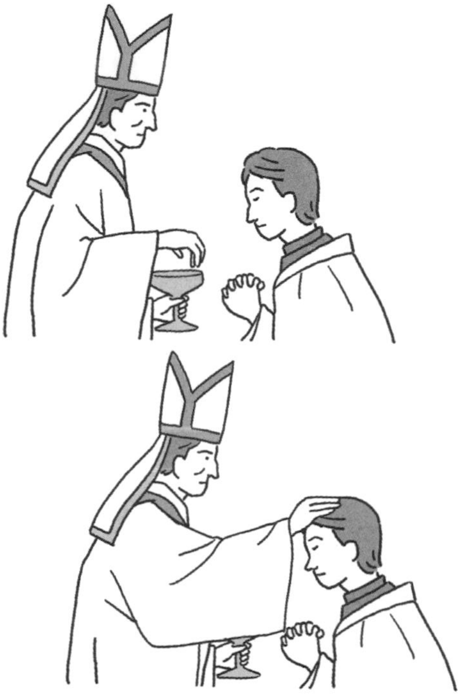

洗禮的樣子。圖片中為「滴禮」，由神職人員將水滴在教徒頭上。有些宗派的做法是將身體完全浸在水裡，或者把水倒在頭上。

堅信禮

允許教徒參加領聖體，使信仰更為堅定，成為更完全的教徒。

神職授任禮

將職位授予教會的神職人員的儀式。神職人員會穿上特別的服飾進行禮拜。

基督教最重要的節慶是什麼？

最重要的兩大節慶是耶誕節和復活節

基督教設定了許多紀念日，如左頁所示，有各種節慶活動和慶典。其中有多數源自耶穌誕生、受難、復活等神蹟，所以這些節慶的內容就是讓教徒模擬當時的體驗。

其中最受重視的是慶祝耶穌誕生的彌撒，也就是耶誕節，和慶祝耶穌復活的復活節。

大家都知道耶誕節是12月25日，不過有關耶穌的出生日期，並沒有留下確實的記載。羅馬天主教會之所以把這天訂為耶穌的生日，原因是過了冬至這一天，陽光會逐漸歸來。如此循環的季節週期，容易讓人聯想到正義再度彰顯。**一般認為，羅馬自古便把耶誕節與慶祝太陽誕生的冬至節結合**。

另一方面，復活節則是為了紀念被釘死在十字架的耶穌在3日後復活的奇蹟。復活節沒有特定的日期，但基本上設定在春分之後的第一個滿月的下一個星期天。復活節的前一週稱為受難週，在這一週，基督徒會舉辦活動以緬懷為全人類背負罪過而受難的耶穌。

復活節當天，教徒們會在水煮蛋的蛋殼上施以彩繪，製作成復活節彩蛋，再將之藏在家中各處，讓孩子們進行「尋寶」遊戲。

另外，復活節的前40天稱為四旬節，這是為了紀念耶穌在荒野禁食。所以教徒會透過齋戒等體驗耶穌受難之苦。

基督教與禮拜（彌撒）的節慶、紀念日

主日：星期日。
因為耶穌在星期日復活。

每週星期日，信徒在教堂共聚一堂做禮拜（彌撒）。

主要的節慶、紀念日

四旬節 （Lent）	從大齋首日（聖灰星期三），也就是從復活節前46天起，扣掉安息日後的40天左右，透過齋戒等體驗耶穌受難之苦。四旬節之前會舉辦狂歡節。
復活節	聖靈降臨日，是基督教中最重要的節日。春分隔天至四月下旬期間，滿月之日後的第一個星期日以製作復活節彩蛋等方式慶祝耶穌復活。
耶穌升天節	為了紀念耶穌升天而慶祝。在復活節後的40天舉行。
聖靈降臨日	為了紀念聖靈在耶穌升天10天後在使徒們身上降臨的慶祝節日。
耶誕節	慶祝耶穌誕生的紀念日。雖然每年都在12月25日慶祝，其實關於耶穌的真正生日，眾說紛紜。
待降節 （Advent）	把從耶誕節前四個星期日到耶誕節前一天，設為耶誕節的等待期。一共會準備4支蠟燭，每週點燃1支。

＊ **復活節**：分送彩蛋的理由有好幾種說法，包括蛋意味著生命誕生、蛋是豐穰象徵、以往在四旬節的齋戒過後，習慣準備當時很珍貴的蛋等。

COLUMN

宗教隨著人類誕生而形成

對古代的人們而言，大自然是超過人類所知的存在。因此，透過經驗學習到存在其中的普遍秩序與法則，並認為神創造了天地萬物是極為自然的想法，絲毫不足為奇。

基於這一點，宗教的形成與人類的誕生同步的說法應該不為過吧。證據就在古代遺址，因為從中發現了曾經進行咒術、祝禱、祈願等宗教活動的遺跡。另外，目前也已證實距今6萬年前的尼安德塔人會埋葬死者。

遵循自然的秩序與法則，可以讓人們從日常的不安解脫，想法也出現轉變，開始冀望現世上的利益，或者相信自己在死後的世界一定能夠得到幸福。當這些想法產生時，所謂的「宗教」也誕生了。接著，若同道中人愈來愈多，凝聚而成的力量就促成了宗教團體（教團）的產生。

第2章

伊斯蘭教

阿拉是
絕對依歸

起源

穆罕默德領受的啟示是什麼？

他領受的話是「教導他人未知的事物」

伊斯蘭教受猶太教、基督教影響至深，形成了將阿拉視為唯一真神的一神教信仰。**以穆罕默德從神（阿拉）得到的啟示所編撰的《古蘭經》是唯一的宗教經典，其內容不只包括教義，也涵蓋了日常生活的各個層面。**

穆罕默德在西元570年出生於阿拉伯半島的麥加。他在出生前父親已經去世，6歲時喪母，從此成為孤兒。

穆罕默德在25歲時與年長15歲的富有寡婦哈蒂嘉結婚；在累積了經商的經驗後，他也參加了駱駝商隊。

穆罕默德的從商生涯十分順遂，不過，從某個時候開始，他開始熱中在麥加近郊的希拉山洞潛修冥想。西元610年，40歲的穆罕默德某天在冥想時，首次領受了真主的啟示。據說大天使吉卜利里現身，向他口頭傳授了下列一段話。

「你的主是最尊貴的，他曾教人用筆寫字，他曾教人自己所不知道的事物。」

穆罕默德就此展開了傳道活動。不過，他一開始並不被麥加的商人們所接受。於是，**他帶著僅有的信徒離開麥加，在西元622年前往麥地那。這個事件在伊斯蘭教稱為「希吉拉」（聖遷），這一年也被定為伊斯蘭曆*的元年**。之後，穆罕默德為了傳道創立了名為烏瑪的「穆斯林共同體」，隨後在西元630年，以無血入城的方式征服麥加。

＊伊斯蘭教又稱為回教、清真教，本書僅以伊斯蘭教稱之。

伊斯蘭教成立的沿革

穆罕默德誕生～烏瑪形成

西元570年
穆罕默德誕生

母親去世後，由祖父和叔叔撫養。

西元595年
與哈蒂嘉結婚

領受大天使吉卜利里的啟示，開始傳道。

西元622年　希吉拉
逃往麥地那，跟隨的信徒也增加了。

形成烏瑪

征服麥加，讓伊斯蘭教成為一神教。

＊ **伊斯蘭曆**：用於穆斯林世界的曆法。1年有354天，30年中有11次閏年。大多數地區的官方仍採用西曆，伊斯蘭曆主要用於與宗教有關的場合。

教義

伊斯蘭教

穆斯林的基本信條六信是指什麼？

信真主、信天使、信經典、信先知、信來世、信前定

伊斯蘭教徒（穆斯林）的基本信條是信真主、信天使、信經典、信先知、信來世、信前定，合稱為「六信」。

伊斯蘭教奉阿拉為唯一真神，視為是這個世界上全知全能、天地萬物的創造者與主宰者。

天使是介於神與人之間的存在，負責將神的命令傳達給人。大天使除了吉卜利里和米迦勒，還有多位其他天使。另外，伊斯蘭教認為惡魔是墮落的天使，所以也將之歸類於天使的一種。

經典除了《可蘭經》，也包括《舊約聖經》的〈摩西五經〉和〈詩篇〉、《新約聖經》。

先知有亞當、諾亞、亞伯拉罕、以撒、約瑟夫、摩西、約翰、耶穌等。上述幾位都是出現在《舊約聖經》或《新約聖經》的人物，但穆罕默德卻將他們定位成「最後也是功勞最大的先知」。

所謂的來世就是世界末日＊後的世界。當末日來臨，死者會從墳墓現身，站在神前接受審判。信仰堅定、行為端正的人會在天國平安度日；而信仰薄弱、作惡多端的人會下地獄，受到萬劫不復的懲罰。

所謂的前定，意指在過去、現在、未來之中，所有發生在世界上、人們身上的事情和行為，都是事先注定的天命思想。

來世與前定的思想，包含著只要是隸屬於穆斯林共同體的一分子，就能確實得到救贖的教誨。

伊斯蘭教的「六信」——六個信仰對象

伊斯蘭教

真主阿拉

唯一的神

天使

介於神與人之間的存在

經典

- 可蘭經
- 摩西五經（舊約聖經）
- 詩篇（舊約聖經）
- 福音書（新約聖經）

先知

穆罕默德

=

亞當、
諾亞、
亞伯拉罕、
以撒、
約瑟夫、
摩西、
約翰、
耶穌
等。

來世

當世界末日到來，每個人都在站在神的面前接受審判，決定是上天國還是下地獄。

前定

神已預知一切，一切大小事都記錄在功過簿上。

＊ **世界末日**：伊斯蘭教認為只有阿拉知道世界末日何時到來，對人而言是突如其來的事。

教典

蘊藏於《可蘭經》的最大力量為何？

當中明示了判斷善惡的最高準則

伊斯蘭教的經典《可蘭經》，記錄了唯一絕對的真神阿拉對先知穆罕默德啟示的話語。經書僅記載了從穆罕默德首度領受啟示的西元610年，到歿於632年這23年間的啟示，完全不包含穆罕默德的創作。

「可蘭經」（Koran）在阿拉伯文的意思是「應誦讀之物」「應閱讀之物」。

整部《可蘭經》共有114章，各章都收錄了神的啟示片段。因此，整部經書不具故事性，基本上依照篇幅長短的順序編排。貫穿整部《可蘭經》的核心就是對真主阿拉的絕對依歸。

其內容無所不包，涵蓋了天地創造、末日、審判、天國與地獄、先知、禮拜、禁食、朝聖、禁忌（哈拉姆*）、吉哈德等。**不僅限於宗教方面的內容，也包括日常生活的法律與倫理等，堪稱涵蓋整體生活中，身為穆斯林對善惡判斷的最高準則**。

《可蘭經》除了誦讀於祈禱時，在日常生活中的任何場合也會誦讀。以阿拉伯語寫成的《可蘭經》不允許被翻譯成其他語言，翻譯成其他語言的版本只被當作內容的解說。

另外，伊斯蘭教的教義不單只有《可蘭經》，還要加上記錄先知言行的《聖訓》。**兩者也擴大發展為規範整個穆斯林社會的伊斯蘭教法（沙里亞）**。

伊斯蘭教法（沙里亞）

義務（Fard）

必須執行的義務。

嘉許（Mustahabb）

建議執行的義務。

合法（Halal）

受到教法允許，不做也沒關係的事情。

可憎（Makruh）

雖未禁止，應盡可能避免之事。

禁制（Haram）

受到禁止的行為

- 豬肉
- 豬肉加工品
- 沒有遵照伊斯蘭法飼育與屠宰的肉
- 酒精
- 焚書
- 竊盜
- 搶劫
- 傷害
- 叛教
- 通姦　等

* **哈拉姆**：在伊斯蘭教的法律中被禁止的事物和行為。較為人所知的是飲食方面的禁忌，如禁止食用豬肉。請參照50頁。

發展

伊斯蘭教

維持了30年的「正統哈里發時期」的功績為何？

包括擴張勢力與確立《可蘭經》的欽定本

西元632年，在穆罕默德死後，其弟子以先知代理人（哈里發）為名，繼續領導伊斯蘭教。但是，經過合法程序就任的哈里發僅有四任，這段約30年的時期被稱為「正統哈里發時期」。

阿布·巴克爾在位的時間只有兩年。他在穆罕默德死後，致力於再度統一阿拉伯半島上原本叛教的各個部族。

第二任哈里發是軍事才能優越的歐爾瑪。他不斷進行吉哈德*，把伊斯蘭教的勢力範圍一路擴大到整個阿拉伯半島，國家體制也隨之建立。

第三任哈里發是倭馬亞家族的奧斯曼。他在位期間，出現了社會結構因版圖急速擴張而扭曲的現象，不過他也下令命人編撰神透過穆罕默德發出的啟示，完成了《可蘭經》的欽定本。

第四任哈里發阿里是穆罕默德的女婿，在他在位期間，因為繼承人的問題，和倭馬亞家族之間產生分歧。加上反對伊斯蘭教世俗化、最早分裂的哈里哲派勢力漸長，最終發展成三個派系間的鬥爭。到了661年，阿里被哈瓦利吉派暗殺，從此之後，正統哈里發時代也畫下了句點。

以阿里的死為契機，穆斯林社會也正式產生遜尼派和什葉派兩大派系。遜尼派約占了穆斯林的8成。遜尼派承認一到三任的哈里發，但把倭馬亞家族的子孫視為第四任的哈里發。什葉派則把阿里的子孫視為唯一的領導者。

伊朗的國民大多屬於什葉派。

遜尼派和什葉派有何差異？

遜尼派	什葉派
承認一到三任的哈里發，但把倭馬亞家族的子孫視為下一任的哈里發。	認為只有具備穆罕默德一族血統的阿里其子孫才是領導人。

～632年	穆罕默德	先知
632～634年	第一任哈里發	阿布・巴克爾
634～644年	第二任哈里發	歐爾瑪
644～656年	第三任哈里發	奧斯曼
656～661年	第四任哈里發	阿里
661～669年	第五任哈里發	哈桑
669～680年	第六任哈里發	胡笙

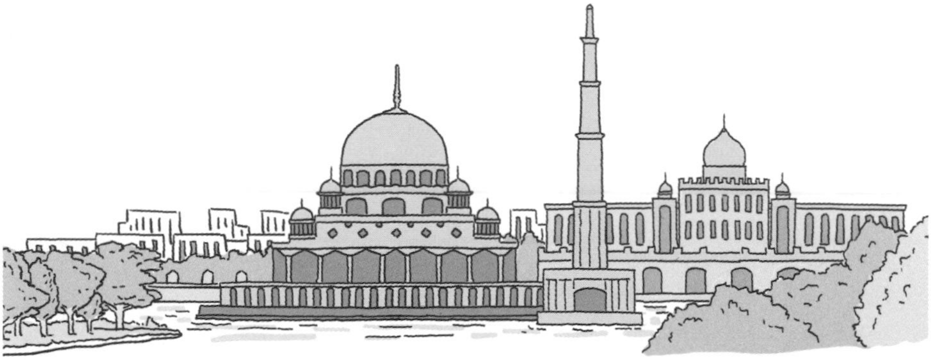

＊ **吉哈德**：為了防衛以及擴大伊斯蘭教勢力的戰爭，意指「聖戰」。《可蘭經》指的是與異教徒間的戰爭，後來轉為與非伊斯蘭教徒間的戰爭，請參照52頁。

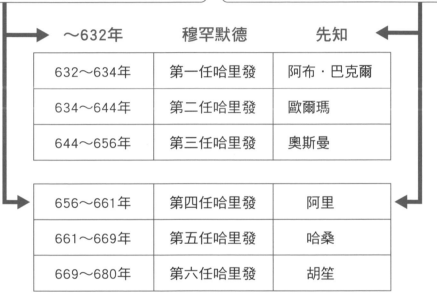

發展

創造空前繁盛期的阿拔斯王朝有哪些豐功偉業？

從征服、統治轉變為融合各個民族

如前頁所述，遜尼派從第四代哈里發以後，只承認倭馬亞家族的子孫是正統繼承人。因此，他們毫不留情地打壓遜尼派以外的教派，但是也允許被征服的地區仍保有一定的宗教自由。於是，伊斯蘭帝國便逐漸擴大其版圖，向外發展。

倭馬亞王朝後期，滅了由波斯人建立的帝國薩珊王朝*，領土也跟著擴大，從北非擴及西班牙、中亞、印度河流域。不過，倭馬亞王朝日益世俗化和阿拉伯民族優位等政策，造成虔誠的穆斯林和非阿拉伯民族的反彈，引發反政府運動。最後，倭馬亞王朝在西元750年滅亡。

在倭馬亞王朝滅亡後，建立下一個政權的是與穆罕默德血緣相近的阿拔斯王朝。**如左頁地圖所示，這個王朝帶領伊斯蘭帝國進入空前的繁盛時期**。商人們遠征非洲、印度、亞洲、中國等地進行貿易，伊斯蘭教的傳教活動也頻繁進行。

阿拔斯王朝將國家統一的原則納入伊斯蘭教。因此，伊斯蘭教的教義體系建構得更加完備，也制定了伊斯蘭教法（沙里亞）。

除此之外，神學等眾多學術領域也有長足的發展，讓伊斯蘭教的文化得以隨著阿拔斯王朝的興盛，獨樹一格大放異彩。

從阿拉伯人征服及統治的層面而言，正統哈里發時期的倭馬亞王朝，確實表現得較為突出；但相較之下，進入阿拔斯王朝以後，則蛻變為一個融合了諸多民族的巨大帝國。

伊斯蘭最強盛時期的征服地區

現存於敘利亞大馬士革的倭馬亞大清真寺。建立於倭馬亞王朝，是現今仍使用中的古老清真寺之一，規模也蔚為清真寺之首。

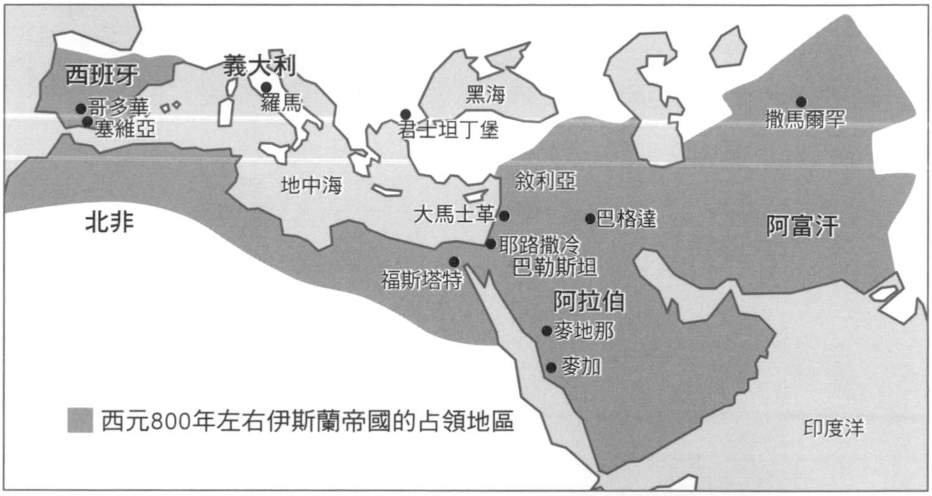

位於阿拔斯王朝的第八任哈里發穆阿台綏姆在薩邁拉建立的大清真寺裡的叫拜樓，這是伊拉克最重要的遺跡之一。

* **薩珊王朝**：從西元3世紀開始統治伊朗高原和美索不達米亞平原的王朝。因為不屬於伊斯蘭教國家，於西元651年遭滅國。伊朗已被伊斯蘭化。

發展

伊斯蘭教

伊斯蘭教為什麼會分裂？

型態依照各國的情況出現改變

阿拔斯王朝的勢力在13世紀中葉逐漸衰退。**取而代之的是在13世紀末葉抬頭、由土耳其人建立的伊斯蘭國家，也就是奧斯曼帝國**。奧斯曼帝國從14世紀到16世紀征服了亞洲、巴爾幹半島、地中海周邊的阿拉伯地區，建立了幅員遼闊的統一國家，到了16世紀中葉，在蘇萊曼一世的統治下，成了當時最強大的國家。

蘇萊曼一世宣稱奧斯曼帝國是伊斯蘭世界的中心，也宣布身為蘇丹的自己，繼承了哈里發的職位。他藉由政教合一的「蘇丹兼哈里發制」，建立了強大的政權。

另外，奧斯曼帝國的遜尼教派內部開始盛行所謂的蘇菲主義（神祕主義）＊，連曾經侵略伊斯蘭世界的蒙古也改變原有的信仰，成為蘇菲派教徒。蘇菲主義基於「所以的事物，包括人心在內也存在著神＝阿拉」的想法，強調信徒要透過冥想和修行，從自我內在感受神。

奧斯曼帝國建立了橫跨歐洲、亞洲、非洲的伊斯蘭國家，雖然盛極一時，然而到了17世紀，面對在歐洲滲透、蔓延開來的基督教勢力，已經顯得力不從心。

之後，穆斯林共同體各自分裂、獨立成不同的民族國家。伊斯蘭教的信仰，也因應各個國家的情況，轉變成各種型態。**直到今日，政治與宗教在穆斯林社會所扮演的角色，在每個國家也呈現多極化的局面**。

《伊斯蘭的神祕主義崛起　神祕主義的開端～教團化》

伊斯蘭教的傳播

從8世紀後期出現神祕主義的傾向

神祕思想家

安薩里

建構世界觀、哲學

伊本・阿拉比

透過冥想、禁食等修行，追求與神達到心靈上的合一。

從12世紀後期開始產生教團組織，與聖者崇拜密切結合，並逐漸大眾化。

---

* **蘇菲主義**：重視內在層面的思想運動。透過唱誦對神的讚頌詞和舞蹈，追求與神的合一。約8世紀起，隨著伊斯蘭教的傳播開始發展。

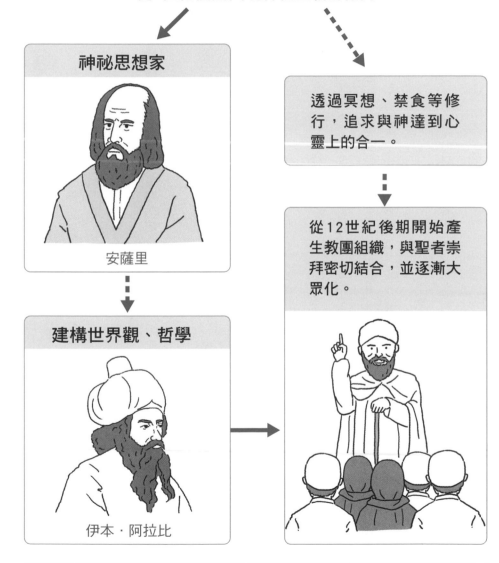

戒律

穆斯林每天要實踐哪些功課呢？

制定五項基本實踐功課

穆斯林必須遵守的基本實踐功課有五項，稱為「五功」或「五柱」。其項目和內容如左頁所述。

有意成為穆斯林的信徒，首要之務是信仰告白（念功）。

「萬物非主，唯有真主。穆罕默德是真主的使者（先知）。」

打算入教的人，必須在兩位證人的見證下，以阿拉伯語唸誦出上述的經文。當然，這段信仰告白必須在發自內心相信經文的前提下進行。

以下為大家說明，除了「五功」，穆斯林還有哪些必須遵守的戒律。

穆斯林女性外出時，必須以頭巾或面紗遮住頭髮和身體，這也是為了遵守《古蘭經》的教旨。女性不能在外人面前拋頭露面，或者必須儘量待在家裡，是伊斯蘭世界長久以來的作風。

然而，**這樣的思想遭受西方批判，認為是一種對女性的不平等待遇，因此也促成了伊斯蘭教的改革運動**。

此外，看在西方社會眼中，伊斯蘭教允許一夫多妻的制度也是相當不可思議之事。但有人提出相當具有說服力的說法是，此制度是以往伊斯蘭帝國在發展的過程中，為了解決戰爭未亡人和孤兒人數過多而設立的一種「社會安全網」。

直到今日，穆斯林社會已經明文立法禁制一夫多妻制，但有些國家仍採取默許但不鼓勵的態度。

「五功」（五柱）的五個項目

信仰告白（舍西德）

發音是La illaha ill Allah, Muhammadur Rasul Allah〔萬物非主，唯有真主。穆罕默德是真主的使者（先知）〕。

禮拜（撒拉特）

一天進行5次，分別是日出前、正午、下午、日落後、就寢前。

天課（扎卡特）

宗教稅、濟貧稅。依照金錢、穀物、家畜等財產類別，對擁有超過一定數量的人課稅。

齋戒（Sawm）

伊斯蘭曆每年9月（萊麥丹月）的30天，白天禁止飲食。

朝覲（Hajj）

伊斯蘭曆每年12月（都爾黑哲月）7日開始，為期10天。到麥加近郊的聖地和卡巴天房朝聖是每個穆斯林一生中至少必做一次的事。

戒律

伊斯蘭教

穆斯林的禁食是如何進行的呢？

除了禁食，還有其他食物是禁吃的

對穆斯林而言，伊斯蘭曆9月是很特別的月分。因為穆罕默德首次從真主阿拉領受啟示的時候就是9月。**因此，穆斯林會利用這段時間進行身心休養。其具體行為包括前述「五功」之一的禁食。**《可蘭經》有提到：「信道的人們啊，你們為了學會自制，必須進行齋戒。……齋戒有一定的天數」。

齋戒月為期30天，齋戒期間從日出到日落為止，須粒米不進、滴水不沾，連香菸也不能抽。不過，從日落到清晨可以飲食。

提到穆斯林的飲食，最有名的當屬他們把豬視為不潔的動物，所以禁食豬肉。有一種說法是，這是因為在高溫酷熱的自然條件下，容易造成脂肪含量高的豬肉腐壞，所以不鼓勵教徒食用。

此外，穆斯林也不可飲用動物血液和酒精。另外，即使是豬肉以外的禽畜肉類，屠夫在下刀屠宰之前，必須面向麥加的方向，親口誦念經文。未以清真屠宰方式處理的肉類，穆斯林不可食用。

以按照伊斯蘭規定的方式屠宰的動物，也包含於稱為「Halal」（合法的）**食品**。

另一方面，不允許被食用的食品則稱為「Halam」。雖然兩者只有一字之別，但對穆斯林而言，兩者的意義可是天差地遠。

對穆斯林而言至關重要的齋戒月

齋戒月

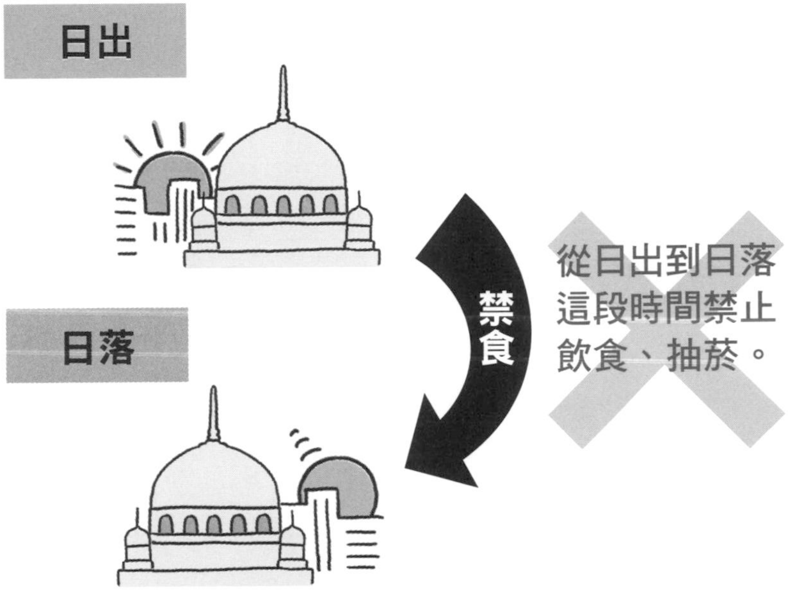
日出
日落
禁食
從日出到日落
這段時間禁止
飲食、抽菸。

天亮前都可以飲食

穆斯林的傳統飲食。儘管只有被稱為Halal的食物，菜色也相當豐富。

為什麼會進行吉哈德（聖戰）？

為了守護與壯大信仰與伊斯蘭共同體

我想，說到「吉哈德」，應該很多人會馬上聯想到自殺式恐怖攻擊。而這個詞彙，也確實是伊斯蘭教中最容易被誤解的觀念。

一般把吉哈德譯為「聖戰」。**其實它的原意是「為了守護、壯大信仰和伊斯蘭共同體（烏瑪）而努力、奮鬥」**。

就這個意義而言，對抗基督教徒的十字軍，也算是一種吉哈德。

有關吉哈德的履行方式，必須符合以下的規範。

- **必須遵守阿拉之道**
- **為了恢復和平與捍衛信仰的自由**
- **為了從暴虐解脫**
- **受宗教領袖指揮時**

另外，還有規定當敵軍投降便停止攻擊、不可危害老弱婦孺等。《古蘭經》也有提到「不可無故發動侵略戰爭」。換言之，**致力於守護穆斯林社會的和平，才是吉哈德真正的意義**。

不過，伊斯蘭教除了吉哈德，也被認為另外存在著「惡魔的戰爭＝邪惡的戰爭」，這類戰爭的發動原因不外乎領土的擴大和征服弱小民族等。

吉哈德與十字軍的戰鬥

所謂的吉哈德……

為了維護阿拉之道而戰。

為了恢復和平與捍衛信仰的自由而戰。

為了從暴虐解脫而戰。

在宗教領袖的指揮下而戰。

十字軍時期的遺跡

十字軍時期的遺跡至今仍各地可見。位於黎巴嫩的比布魯斯城堡已被列為世界文化遺產。城堡內仍保留當時的要塞（照片右）。另外，位於敘利亞北部的阿勒波城（照片左）在十字軍東征時代，也曾經扮演了重要的角色，號稱是全世界最大也最古老的城堡之一。

生活

伊斯蘭教

身為穆斯林所習以為常的事有哪些？

1天5次的禮拜加上每週五的聚禮

對穆斯林而言，沒有其他事的重要性比得上每天5次的禮拜了。每天5次的禮拜屬於穆斯林的五項義務（五功）之一（請參照49頁）。因為禮拜對穆斯林而言，除了是謹記真主阿拉，也是為了與神溝通的儀式。

進行禮拜的時段如左圖所示，必須遵照一定的步驟進行。這一連串的步驟稱為「一拜」（Rakat）。

做禮拜時，穆斯林必須穿著清潔的服裝，脱鞋。而且必須先用水將身體的汙穢沖洗乾淨。**最重要的一點是，禮拜時一定要面朝麥加*的方向**。

另外，每週五還會在清真寺舉行聚禮。參加聚禮是每個穆斯林成年男子的義務。因為要配合聚禮，信奉伊斯蘭教的國家每次到了這個時間，連公司行號也會暫時停止營業。

和禮拜一樣，同屬穆斯林的另一項義務是交付「天課」（請參照49頁）。天課就是援助在物質上較自己匱乏的人，《可蘭經》針對天課做了明確的指示。天課到了今天已經演變成一種宗教賦稅，徵收的對象包括貨幣、商品、家畜、農產品等。

天課是一種以具體形式表達人的慷慨與誠意的方法，也是正義得以實踐的證明。只要身為穆斯林，都無法否認這一點。

進行禮拜的時段與其作法

禮拜的時段　1天進行5次

日出前　正午時分　下午　日落後　就寢前

順序
Rakat

●面向麥加的方向。
●把雙手舉至耳朵的高度，念讚辭「阿拉胡阿克巴（真主至大）」。

●男性把雙手放在腹部，女性把雙手放在胸前，誦念《古蘭經》的經文。

●把雙手放置在膝蓋上，低頭，誦念讚辭。

●跪坐，叩頭，誦念「將榮耀獻給我至高的主」 3次，再反覆這個動作數次。
●讚美真主，祈求先知與穆斯林能得到祝福。

●誦念「萬物非主，唯有真主」，並伸出右手的食指。

●一邊唱誦「Assalamu alaikum（祝你平安）」，一邊左右搖頭。

＊ **麥加**：沙烏地阿拉伯在宗教上的首都。穆罕默德的誕生地，被伊斯蘭教視為至高無上的聖地。位於麥加的卡巴天房，在穆斯林的心目中被視為一生至少要朝聖一次之地。

COLUMN

因為戰爭造成的宗教上的對立

遜尼派是穆斯林的多數派，全世界大約有8成的穆斯林屬於遜尼派。反觀只占了2成的什葉派，卻因推翻倭馬亞王朝的目標失敗，反而變得更加團結一致。

政權交替後，新登場的阿拔斯王朝也大力鎮壓什葉派，導致什葉派的作風愈來愈偏激（請參照44～45頁）。兩者最大的差異在於，相較於現實主義的遜尼派，什葉派走的是理想主義路線。

伊朗和伊拉克從1980年打到1988年的兩伊戰爭，除了是同屬伊斯蘭教的遜尼派和什葉派之間的派系之爭，也稱得上是波斯與阿拉伯的對立重新上演。

另外，從另一個角度而言，這場戰爭也稱得上是周圍國家和歐美對伊朗的什葉派在1979年發動伊朗革命所採取的干涉戰爭吧。

第3章

佛教

佛陀領悟
的人生真理

起源

佛教

佛陀是如何開悟的？

保持平常心堅持冥想，有一天突然悟道

對日本人而言，最熟悉的宗教應該是佛教。**佛教是世界的三大宗教之一，發源於印度，以亞洲為中心逐漸在全世界發揚光大**。

西元前6世紀～西元前5世紀左右，被奉為佛教始祖的佛陀於今日被納為印度北部領土的釋迦族，以王子之姿呱呱墜地。**原本的名字為喬達摩悉達多，之所以被尊稱為「釋迦牟尼」，是源自其部族之名**。

佛陀的母親在他出生7天後去世。儘管佛陀出身於富裕的家庭，卻從小就很關心每個人都會面臨的生老病死、各種苦惱等問題。據說這樣的性格在他的成長過程中發揮很大的影響力。

他接受父親的安排在16歲娶妻，婚後也育有一子，看似過著圓滿順遂的人生。但是，他同時也不斷思索著人生的意義與煩惱。這樣的鬱悶之情日益積累，在他29歲那年，他毅然離開妻兒，出家而去，決心作一名修行者。

之後他過了6年的苦行生活。然而，不僅換來了傷痕累累的身體，也未能得到內心的平靜。於是，他為了撫慰身心而坐在菩提樹下，開始冥想。到了第21天的破曉時分，他突然開悟，通曉一切智慧。

於是他成為「悟道者＝佛陀」。在菩提伽耶*開悟之後，佛陀踏上傳道之路，向當初一起苦行6年的5位成員（五比丘）說法。**這場說法被後世稱為「初轉法輪」**（詳情請參照後述）。

佛陀的生涯與四個聖地

佛陀的生涯

西元前6世紀～5世紀誕生 → 16歲和耶輸陀羅成親 → 29歲出家 → 持續刻苦修行 → 得到中道思想 → 35歲悟道 → 說法、傳道 → 80歲入滅

佛教的四大勝地

位於佛陀誕生之地藍毗尼的菩提樹。

最初說法之地鹿野苑。

佛陀的開悟之地——菩提伽耶。建有馬哈菩提寺。

佛祖涅槃之地——拘尸那揭羅。照片中為火化佛陀遺體的蘭巴爾塔。

* **菩提伽耶**：位於印度東北部的佛教聖地。建有佛塔高度超過50公尺的大菩提寺，也種植了紀念佛祖開悟的菩提樹。此外，各國不同宗派的寺院也在此建立。

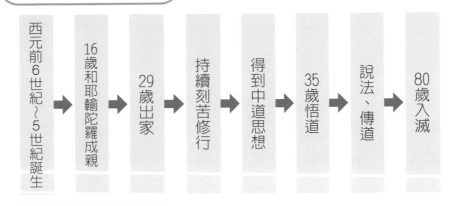

起源

佛教

佛陀究竟如何得道呢？

以達到「涅槃寂靜」的境界為最終目標

佛陀從年幼時就開始思考有關身為人的苦惱，而人生充滿苦難（一切皆苦），正是佛教的基本教義。從日本人熟悉的成語「四苦八苦」（意思是千辛萬苦）也充分表現出這一點。**所謂的四苦，是我們每一個人都免不了的生、老、病、死這四種苦痛**。

四苦再加上愛別離苦、怨憎會苦、求不得苦、五陰熾盛苦這四項，就是八苦。愛別離苦是與所愛之人分離的苦；怨憎會苦指的是與憎惡之人見面的苦；求不得苦是追求卻得不到之苦；五陰熾盛苦是因自己多愁善感的情緒等衍生的苦痛。

另外，佛陀曾提出「三法印」。我想，將之稱為佛教之所以成立的特徵也不為過吧。

第一是諸行無常。相信日本人都不陌生，《平家物語》的卷首開宗明義便提到這句話。意思是世間的運作無常多變，並非永恆；第二是諸法無我。意思是世間的一切事物中，不具備實態和本質；第三是涅槃寂靜。意思是滅除一切煩惱，達到光明圓滿的最高境界。

一心只想著「一定要這麼做」的執著會使人陷入苦惱而無法自拔，無法達到上述的最高境界。因為執著而產生苦惱，才會陷入「一切皆苦」的狀態。

三法印是佛教的核心教義，而涅槃寂靜被視為最終極的目標。

「四苦八苦」是佛教的基本教誨

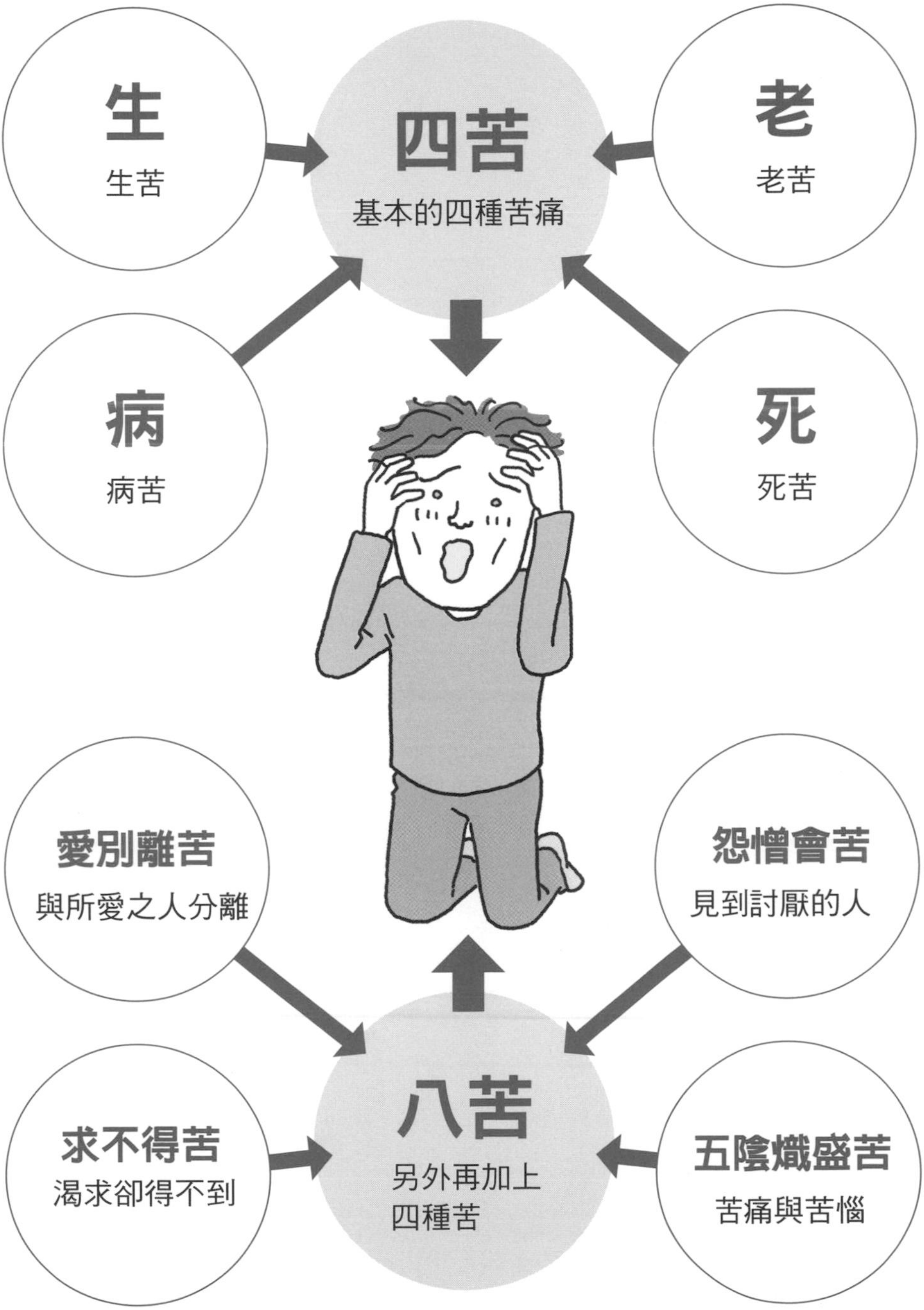

教義

佛教

該怎麼做才能減輕人生的苦惱？

面對人生的苦難，走上正道

如果人生充滿苦難，那該怎麼做才能減輕苦惱呢？**「四聖諦」和「八正道」的指引可以解決這個問題**。

所謂的「諦」，翻譯成現代日文的意思是「放棄」。不過，在佛教上則意味著「揭示」。

所謂的四聖諦，意思是理解並接受人生有四苦八苦（**苦諦**），並且主動找出原因加以改善（**集諦**），為了達到能夠從欲望和執著解脫的開悟境界（**滅諦**），唯有每一天都步上正道（**道諦**）。

四聖諦是佛陀從悟道直到入滅＊**，始終貫徹到底、持續說法的人生真理。**

因為從四聖諦，我們可以知道如何面對生、老、病、死等人生的苦（四苦八苦）。

為了減少人生的苦難，走上正道，我們可以從八正道找到方法。

●**正見** 拋去以自我為主的想法和偏見，以中正之道看待。

●**正思惟** 不要陷入自我本位，坦誠地面對苦惱。

●**正語** 不說謊話，也不說別人壞話等。

●**正業** 把正見、正思惟當作行動的準則。

●**正命** 秉持著正確的態度過日子。

●**正精進** 策勵自己努力完成被賦予的使命和目標。

●**正念** 摒棄雜念，一心專注在佛。

●**正定** 端正堅定，心不散亂。

四聖諦、八正道的實踐

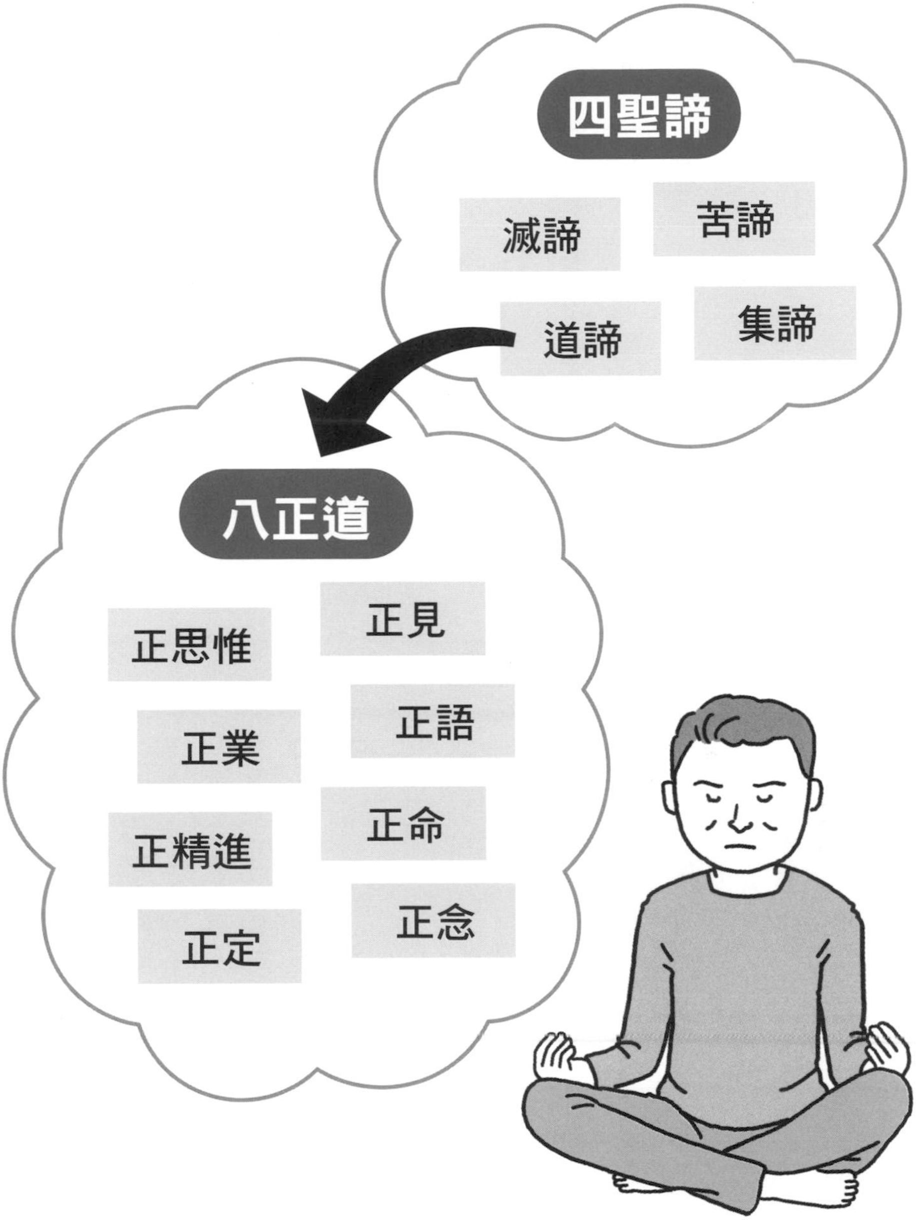

* **入滅**：主要用於佛陀和高僧離世的用語。意思是滅盡所有的煩惱，進入不生不滅的涅槃狀態。也有超脫生死，進入悟道境界的意思。

佛經（經典）是如何成立的？

由弟子們集結佛陀的言行而成

佛陀並沒有用文字將自己對弟子的教誨記錄下來。弟子們只能把佛陀講的話記在心裡，再以口授的方式傳給其他弟子和剛入教的信徒，讓原始教誨發揚光大。

然而在佛陀入滅後，弟子們對教誨卻各有不同的解釋，因此產生了出入。

有鑑於此，西元前477年，大約有500名比丘共聚一堂，為了統一佛陀的教誨而確認彼此的記憶，此舉稱為「結集*」。透過這次結集所彙編而成的著作，就是佛教最初的經典。

主要經藏包括阿含經、法句經、四分律等。阿含經是直接源自於佛祖教誨的經典；法句經是由423偈所組成的韻文詩；四分律則是彙整了比丘日常應該遵守的戒律。

如果換成其他宗教，發展到此階段的佛經完全可當作根本教典，成為崇拜的對象，但佛教並非如此。在第一次結集後約100年，進行了第二次結集。這個時代的僧團內部發生嚴重的對立，最後分裂成兩派（請參照66～67頁）。

之後，佛教也因教義和戒律的分歧而產生不同的分派。**因為這些分派也對經典進行注釋，而這些內容也包含在經書之中，所以累積起來的數量相當可觀**。

這點是佛教的教典異於其他宗教的經典、聖典之處，但其全貌就連專業的研究人員也尚未能夠完全掌握。

佛教有哪些經典呢？

教典的種類

經典

佛教的經書。

教典

基督教、猶太教、
伊斯蘭教等宗教的聖典。

大乘佛教

初期	般若經　華嚴經　無量壽經　觀無量壽經　維摩經　法華經　阿彌陀經
中期	解深密經　入楞伽經　勝鬘經　涅槃經
後期	大日經　金剛頂經　理趣經

上座部佛教（小乘佛教）

巴利語經典　阿含經　法句經　四分律

---

* **結集**：歷史上實際進行的結集，除了本文介紹的2次，另外還有4次。分別是在佛陀入滅200年以後、西元前1世紀、1871年、1954年。

發展

佛教

上座部佛教和大乘佛教有何不同？

前者強調嚴格的修行，後者採取寬容的方針

佛陀當初傳道的地區以印度北部為主，之後也逐漸擴大到印度西部和南部。當他進行傳道時，很幸運的一點是古印度已經統一，而且他得到阿育王＊的支持。**到了西元前3世紀左右，佛教已經傳遍全印度**。

但是到了那個時候，佛教內部卻為了對戒律的認知相異而產生對立。對立的原因不只一個，不過據說針對是否認同金錢布施這一點，雙方展開了激烈的論戰，教團內部也因此分裂成兩派。

這兩派分別是以長老為首、呼籲堅守佛陀以來的戒律的「上座部」，以及提倡放寬戒律，以求進步的「大眾部」，此事件被稱為「根本分裂」。後者之後則成為「大乘佛教」的源頭。

這兩個部派究竟有何差異呢？

第一，**上座部佛教是出家主義**；出家人為了開悟而出離家庭，投入修行。換言之，只要藉由修行得到開悟，就能得救。

因此出家人必須忍耐嚴苛的修行，需要嚴守戒律。

相較之下，**大眾部則不採取出家主義**，主張即使是在家人，只要遵守佛陀的教誨，就可以照常過日子。

另外，強調佛祖和菩薩的慈悲會拯救眾生，也是大乘佛教的重要特色之一。

上座部佛教和大乘佛教有何不同？

佛陀入滅

↓

根本分裂

↙ ↘

大乘佛教	上座部佛教
●放寬戒律	●戒律嚴格
●救濟百姓	●只限開悟者
●也有些宗派允許僧侶娶妻	●僧侶嚴守獨身
●也接受財物布施	●只能托缽化緣

* **阿育王**：在西元前3世紀首度統一印度，以佛教精神為治國方針。據說他皈依佛教的契機是在為了統一的戰事中，有許多士兵犧牲了生命。

發展

佛教

佛教如何在各地開枝散葉？

上座部佛教往南，大乘佛教往北發展

第二次結集之後，佛教分裂成戒律嚴格的上座部佛教和容易被大眾接受的大乘佛教。那麼，這兩個部派又是經過何種途徑傳播開來的呢？

上座部佛教在西元前3世紀從印度傳布到斯里蘭卡，在當地受到王族的庇護，因而逐漸推廣開來。之後，從印度東部和斯里蘭卡，分別經由陸路和水路，傳播到緬甸、泰國、柬埔寨、馬來西亞等全東南亞，**這就是史稱的「南傳佛教」**。

相信各位都看過來自泰國和柬埔寨等國，身穿顏色鮮豔的法衣，沿路托缽*化緣的出家人。他們屬於上座部佛教的僧侶，主張出家主義，並且嚴守戒律，投入修行。

另一方面，大乘佛教則從印度北部傳入健馱邏國（現在的巴基斯坦西北部）。雖然時至今日，這裡的人口幾乎都是伊斯蘭教的信徒，但還保留了許多與佛教有關的遺跡。

從健馱邏國經中亞各國，最後佛教也傳入中國。一般都認為中國是佛教色彩很濃的國家，其實傳入境內的時間大約是西元前1世紀。

接著再傳入朝鮮半島、日本、台灣等地，**這就是所謂的「北傳佛教」**。

話說回來，佛教發源地印度當地的情況又是如何呢？印度教比佛教更早在印度盛行，號稱是印度的民族宗教。不僅如此，佛教在印度也受到其他宗教的打壓，因此**印度的佛教信徒已減少到總人口的1％以下**。

佛教傳播的途徑爲何？

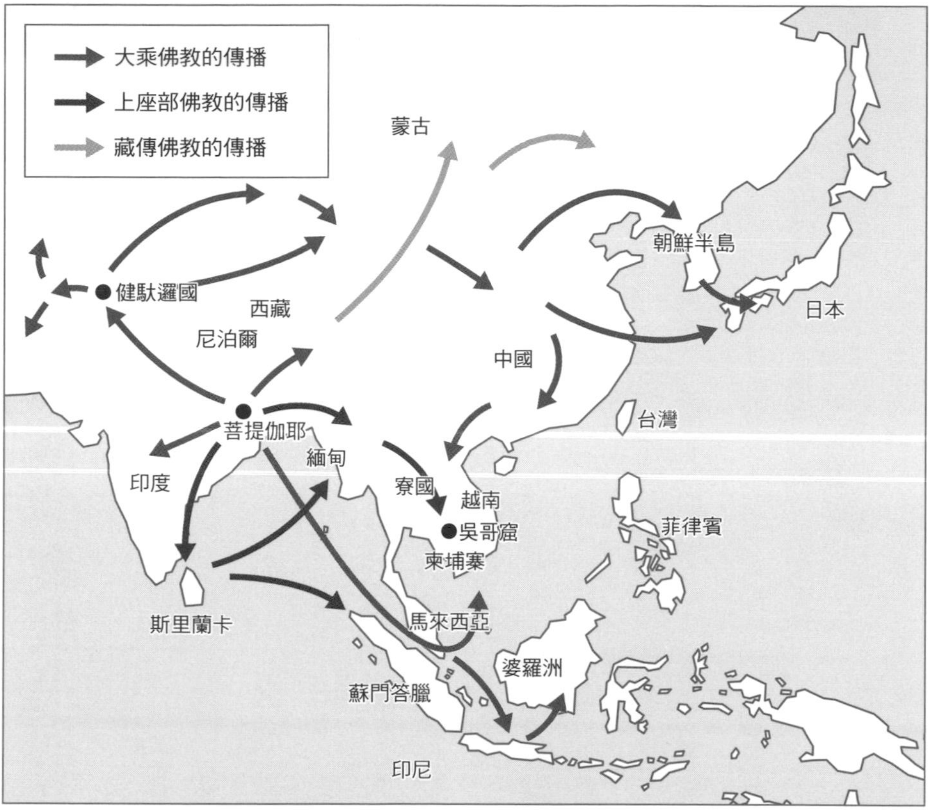

位於柬埔寨西北部的吳哥窟遺址。當初興建時為印度教寺院，到了16世紀改建為佛教寺院。

位於印尼爪哇島中部的婆羅浮屠，世界上規模最大的佛教寺院。

＊ **托缽**：被視為修行的一部分。修行僧托舉著缽，在家家戶戶的門前收受食物和金錢。今日連日本都還有托缽化緣之事。除了佛教，古代的耆那教也會托缽。

發展

佛教

佛教傳至日本後的發展為何？

聖德太子以後，在國家保護傘的庇蔭下成長茁壯

說到佛教傳到日本的時間，有西元538年和西元552年兩種說法。

據說將佛教傳入日本的是朝鮮半島上百濟王朝的聖明王。聖明王把佛像、經典、論書（針對佛教經義進行論述的書籍）贈與日本當時的欽明天皇。

有關是否要接納佛教，同為有力氏族的蘇我氏和物部氏展開激烈的論戰。

最後，由主張「佛教都已受到海外諸國的崇拜，我國哪有不接受的道理」的蘇我氏占上風，到推古天皇（554～628年）時代，日本已經進入接納並吸收佛教的時期。**其中，扮演最重要角色的人物是聖德太子*（574～622年）。**

太子頒布了《三寶興隆詔》，正式宣布為了建設和平的國家，必須推廣佛教的方針。接著在604年制訂的《十七條憲法》也提到「敬篤三寶；三寶者，佛法僧也……」，由此能充分看出其親佛的傾向。

此外，日本也派遣稱為遣隋使的學問僧至中國，將佛教思想、文化帶回國內，並陸續興建寺院。據說四天王寺、法隆寺、中宮寺、廣隆寺等寺院的建立也和聖德太子擁有深厚的淵源。

之後，進入奈良時代後，佛教受到國家更大的庇護，甚至已到了國教化的程度。從聖武天皇（701～756年）下令建造東大寺大佛、建立國分寺、國分尼寺等，可見一連串的佛教相關政策已經成為國家事業之一。

促成佛教發展的早期功臣們

四天王寺、
法隆寺等

聖德太子是飛鳥時代重要的政治兼思想家。他的父親是用明天皇，母親是穴穗部間人皇后。聖德太子幼時被稱為廄戶豐聰耳皇子。在592年即位的女帝推古天皇的攝政下，他推行以佛教思想治理國政。

國分寺、
東大寺大佛等

聖武天皇的在位期間是724～749年。其父為文武天皇，母親為藤原不比等的女兒，皇后為光明皇后。他致力於佛教的興隆，並大力推動佛教美術和工藝，促成天平文化的蓬勃發展。

---

* **聖德太子**：在推古天皇的攝政下，以佛教思想為基礎，推動政治革新。目前有一可靠的說法是聖德太子其實是以實際存在的廄戶皇子為原型所創造的人物。

發展

佛教

佛教的各宗派是如何興起的？

眾多宗派在日本的奈良、平安、鎌倉時代相繼誕生

進入奈良時代後，從中國抵達日本的僧人鑑真（688～763年）**在孝謙天皇**（718～770年）**的敕令下，於東大寺建立戒壇**＊**，完成出家僧侶剃髮受戒的制度。**受戒意指信眾皈依時，誓願遵守戒律的儀式。唯有透過受戒、證明自己有心隨佛出家修行的人，才能被認同為僧人。

與此相呼應的是，在奈良形成了名為「南都六宗」的宗派。這六個宗派包括法相宗、三論宗、俱舍宗、成實宗、華嚴宗、律宗。上述六宗皆是在中國已經發展成熟才傳入日本的宗派，不過雖說是不同的宗派，彼此間的隔閡不是太深，所以似乎有不少學道者是同時橫跨好幾個宗派。

到了平安時代，兩位從中國學成歸來的學問僧各自開創了新宗派。他們分別是以比叡山延曆為據點，開創了天台宗的最澄，以及以高野山金剛峯寺為據點，開創了真言宗的空海。於是，**新佛教在日本也儼然成形**。另外，當時剛好饑荒、大火、地震等天災頻傳，造成人心惶惶。因此，強調只需一心念佛，就能往生極樂淨土的淨土宗信仰便急速流行起來。從淨土宗信仰衍生的由法然創立的淨土宗，還有之後由親鸞創立的淨土真宗（一向宗），都廣受民眾支持。

禪宗登場的時候是鎌倉時代。榮西的臨濟宗、道元的曹洞宗的主要信徒來自身為新興勢力的武士階級，並逐漸擴展。此外，由日蓮創立的日蓮宗、一遍創立的時宗也同時崛起。

法然提倡的念佛信仰與其他佛教

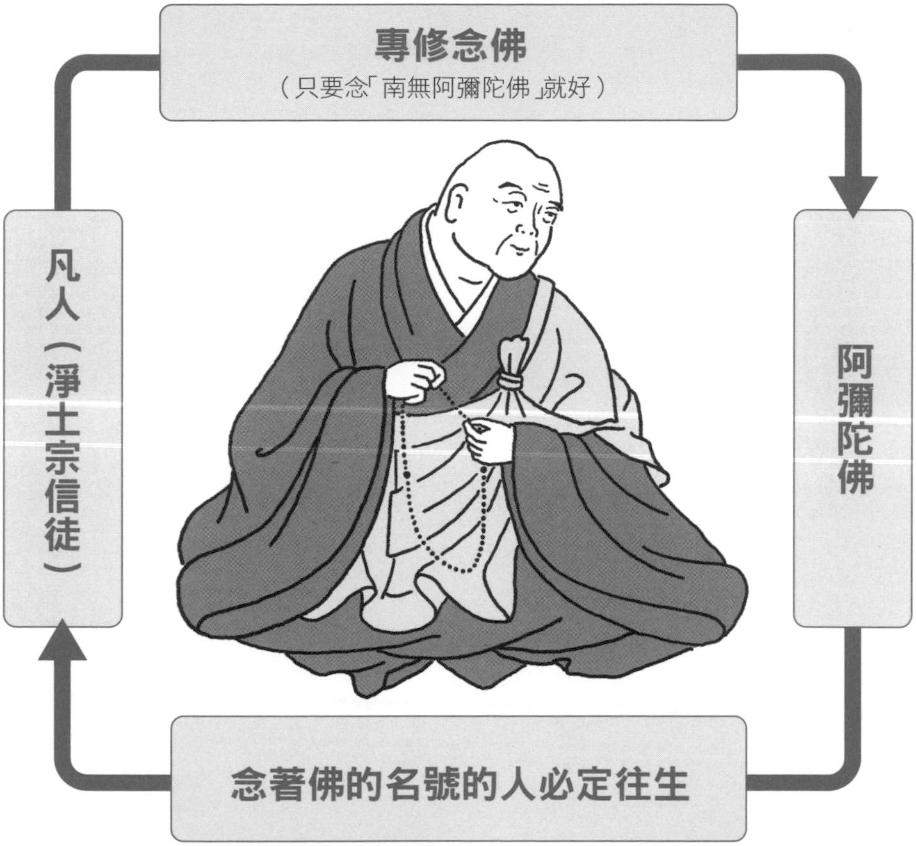
專修念佛
（只要念「南無阿彌陀佛」就好）
阿彌陀佛
念著佛的名號的人必定往生
凡人（淨土宗信徒）

鑑真建立的唐招提寺的金堂

空海建立的高野山金剛峯寺

＊ **戒壇**：古印度用於宗教和文學的語言。

戒律

佛教

要經過何種修行才能成為僧侶？

目前要通過僧侶的認定制度才能成為僧侶

對一般日本人而言，會與僧侶接觸的機會不外乎葬禮和做法事等儀式。然而，以禪宗的寺院為例，僧侶最主要的活動是修行。他們每天都過著一心一意、勤奮鍛鍊的生活。

至於在上座部佛教已確實扎根的東南亞，各地也分別組織了只有男性出家人居住的寺院。

若是在日本，一般人必須怎麼做才能成為僧侶呢？幾乎所有的宗派都設有僧侶的認定制度，需通過以下的階段才能成為僧侶。

第一步是參加出家儀式「得度式」，取得成為僧侶的資格。經過此儀式後，只要註冊為僧籍，就能得到所屬宗派的承認，以僧侶身分活動。

當初佛教傳入日本時，不論哪個人都可以成為僧侶。但是到了律令時代，為了逃避賦稅而出家為僧的投機分子太多，受戒制度（請參照前項）漸漸修訂成當今的形式。

在佛教的草創期，教團由比丘（男性出家人）、比丘尼（女性出家人）、優婆塞（在家的男性信徒）、優婆夷（在家的女性信徒）所組成。

之後，在家的信徒也開始對出家人給予經濟支援，而**出家人也成為專門從事舉行儀式和傳教的人。這項轉變被視為僧侶擔任聖職人員的開始**。

順帶一提，佛教聖職者的稱法很多，包括僧、僧侶、僧尼、僧伽等。語源是梵語＊的「Samgha」（意思是組織）。

僧侶從事的各種修行

坐禪。採取端正的坐姿，達到進入禪定的目的。坐禪是禪宗的基本修行之一。

除了製作供佛的餐點，也負責調理修行僧的膳食。

掃除也是修行的一部分，這是加強與自己內心對話的作業。

＊ **梵語**：英語是Sanskirt。意思是「高尚、完整、純粹且神聖的雅語」。

戒律

佛教

佛教徒應該遵守的「戒」有哪些？

信徒個人的道德規範與各個宗派的規範

「戒律」一詞原本是佛教用語。**相較於「戒」是信徒個人自主判斷的道德規範，「律」則是每個教團或宗派理應遵守的規範。**

如果破「戒」，雖然會受到其他人的責難，但信徒並不會受到具體的處罰。相反地，如果違反了「律」，就會依照罰則受罰。

「戒」的項目很多，其中最基本的是以下列舉的「五戒」。

● **不殺生戒**／不殺害其他生命。
● **不偷盜戒**／不盜取他人之物。
● **不邪淫戒**／不可做破壞人倫道德的淫慾行為。
● **不妄語戒**／不説謊、搬弄是非。
● **不飲酒戒**／不可飲酒。

上述「五戒」畢竟只是自發性的規範，如果要確實遵守，需要高度的自律。人如果想對自己放水，不論把標準降低到何種程度都可以，但如此一來就無法得到拯救了。

在家信徒除了「五戒」，也要遵守每月一次的「八齋戒」。具體內容包括「不坐臥高大廣床、不打扮自身、不觀聽歌舞、不非時食」等。

話雖如此，佛教在傳播的過程中，也會遇到一些過得隨心所欲的信徒。為了控制這些信徒的行動，才會制定附帶罰則的「律」。

不僅是大乘佛教與上座部佛教之間，正確説法應該是每個宗派的戒律都不盡相同，不過只要身為佛教信徒，直到現在仍須遵守戒律。

戒與律不可混爲一談

戒律

戒 約束自我，發自內心的道德規範。即使破戒也不會受到處罰。

五戒

- 不殺生戒
- 不偷盜戒
- 不邪淫戒
- 不妄語戒
- 不飲酒戒

八齋戒 除了五戒再追加的下列三戒

- 過午不食（不得過日中食戒）。
- 不觀聽歌舞音曲，不得使用裝飾品、化妝品、香水等（不得歌舞作樂塗身香油戒）。
- 只能使用鋪在地上的寢具，不可使用奢華的寢具和坐墊（不得坐高廣大床戒）。

律 由每個教團和宗派獨立制定的規則，若違反會有罰則。

生活

佛教

信徒的行動規範「六波羅蜜」內容為何？

六波羅蜜——遵從行動規範的教誨

「五戒」是佛教信徒必須遵守的基本戒律，也就是信徒應要遵守的準則，類似於道德規範。

此外，**還有更貼近日常生活，被當作信徒行動規範的教誨，也就是下述的「六波羅蜜」。**

「波羅蜜」的意思是到彼岸，也就是悟道。

- **布施**／把自己擁有或具備的廣泛施予人（不僅限於物質），但是並不尋求回報。
- **持戒**／遵守道德規範、法律。隨時提醒自己，讓自己的所作所為都符合規範。
- **忍辱**／即使遭受苦難和屈辱也能忍耐。不為此失意傷悲，平靜以對。
- **精進**／透過不斷的努力朝向目標邁進。盡最大的努力，身體力行。
- **禪定**／藉由坐禪和冥想讓心靜下來，聽從心裡的聲音。
- **智慧**／為了實踐上述五項，必須精通一切事理，以免做出錯誤的判斷。

從六波羅蜜也能找到我們日常生活中常見的用語。除此之外，其實還有許多佛教用語，早已滲透於你我的日常生活。

- **非情**（日文是冷酷無情之意）／佛教把像人一樣具有心識的眾生稱為有情，像植物一樣不具備心識的稱為非情。後來意思轉為形容冷酷無情的人或行為。
- **大袈裟**（誇大不實之意）／僧侶的袈裟過於華美、高調。後來衍生為誇張的意思。

何謂六波羅蜜？

布施

持戒

忍辱

精進

禪定

智慧

佛教

源自佛教的節慶活動有哪些？

已融入日常生活的節慶很多

以下為各位列舉源自佛教、在日本舉行的主要節慶活動。

●**修正會**／新年祈福法會，從12月31日開始。

●**涅槃會**／相傳佛陀入滅日是陰曆2月15日。所以會在這天舉行追悼佛陀入滅的法會。

●**盂蘭盆會**／從7月或8月的13日～15日舉行的祭典（日期因國曆或陰曆而異）。藉由點燃迎魂火和送魂火，為祖先祈求冥福。

●**成道會**／為了紀念佛陀開悟，在12月8日舉行的慶祝活動。

多數的日本人，都是採用佛教儀式舉辦葬禮。大多數的日本家庭，也設有為了供養祖先的佛壇。直到平安時代為止，佛教深入民間的程度僅止於一般家庭會在家中貼上神佛畫像，但是室町時代以後，民眾開始在家中貼上佛畫，據說從這也發展成今日的佛壇。

葬禮和做法事時會燒香。目的是藉由香氣達到淨化心靈與佛壇周圍的環境，以及供奉亡者。不過，燒香的方法依宗派而異，同樣地，佛壇的造型和色彩也依宗派而有所不同。

佛教和下一章提到的神道教，已經在日本人的日常生活中占有根深蒂固的地位。舉例而言，日本在春分、秋分之際所說的「彼岸」，據說源自阿彌陀如來所在的彼岸（極樂淨土）在西方，所以人們會習慣在太陽沉沒到正西方的日子（彼岸期間最中間的一天），發願往生極樂淨土。

源自於佛教的節慶活動

彼岸

以春分、秋分為中間點，在前後7天舉辦的節慶活動。祖先的靈魂會在盂蘭盆會期間返回人間，而彼岸則是讓世人遙想著極樂淨土。

修正會是為新的一年祈福的節慶活動。

京都的大文字送火是最具代表性的盂蘭盆會活動。

在涅槃會舉辦的松明（火炬）式。為農作物的豐收或是歉收進行占卜。

生活

佛教

日本以外的地區是如何信仰佛教的呢？

佛教的傳播在亞洲各國各有不同的發展

佛教從印度傳至亞洲各國，在每一個國家發展的情況各不相同。**以泰國而言，當地成了上座部佛教大國，有95%的國民都信仰佛教**。泰王是佛教界的最高領袖，而且必須是佛教徒，否則無法即位。

在泰國，幾乎所有已經通過成年禮的男子，一生當中至少要短暫出家一段時間。這個習慣延續至今且徹底落實。由此可見，佛教已深刻融入政治到國民的生活。另外，出家人的義務包括嚴守227條戒律，以及累積功德以求得解脫。

出家人每日的食糧仰賴人們的布施，因此每天早上例行的托缽，也是重要的修行之一。

另一方面，在6～7世紀傳播到西藏的佛教，在不斷與講究咒術、發源自西藏本土的苯教一較長短的過程中，**也逐漸發展出獨樹一格的藏傳佛教（喇嘛教）**。再加上清廷（1644～1912年）很積極地扶植喇嘛教，因此其勢力也持續擴大到蒙古、中國北部、西伯利亞等地。

藏傳佛教的特徵是四寶（佛、法、僧、上師）當中，以「上師」尤其重要，同時也非常尊敬喇嘛（上人）。

喇嘛教的名稱也源自於此。藏傳佛教帶有強烈的密教色彩，具備獨特的宗教觀。**其中最具代表性的是轉世傳承的制度，意即高僧圓寂後會轉生，而轉生的靈童就是所謂的「轉世活佛」**。

藏傳佛教的五體投地頂禮的做法

將五體（雙手、雙膝、額頭）貼於地面禮拜也是修行的一環

●保持站姿，雙手在胸前合十。
●將合十的雙手慢慢舉到頭頂。
●慢慢地將雙手降至眉心的高度。
●再一路降至咽喉、胸口的位置。
●雙膝、雙手和額頭同時著地。
●馬上起身，反覆上述的動作。

COLUMN

朝聖的人們各懷著不同的目的

走遍位於日本四國的88所靈場，進行參拜的活動稱為「四國巡禮」或「遍路」。以弘法大師之名廣為世人所知的真言密宗的開宗祖師空海，在四國開創了88所靈場。據說跟隨大師的足跡巡拜這些靈場，也能夠累積福報，於是連一般人也加入巡禮者的行列。

四國巡禮的起點始於位於德島縣的第1號札所「靈山寺」，最後在位於香川縣的第88號札所「大窪寺」結束，總行程約有1500公里。一次挑戰所有靈場的方式稱為「通打」，分區分次完成的稱為「區切打」。因此，巡禮者可以不必一次巡拜所有的靈場。

為了信仰而參加巡禮自然不在話下，但每個人參加的目的不盡相同；有些人是為了健康，也有人是為了與過往人生做個了斷，希望尋求新的人生方向。不論目的為何，只要踏上巡禮之旅，對本人而言一定是件成就功德的好事。

第4章

神道教

森羅萬象皆可為神的民族宗教

起源

神道教

神道教是在何時，又是如何成立的呢？

從古代開始，在各地自然形成

一般認為，日本民族的初期信仰，除了因應農耕、狩獵、漁業等產業而具備各式各樣的型態，也表現出地域多樣性。**據說，所謂的神道教便是從古代在各地自然形成的原住民信仰所發展而成**。

因此，神道教不只缺乏受到崇拜的單一神明和開山祖師，也沒有明確的教義和教典，這點和基督教、伊斯蘭教、佛教等宗教有很大的差異。

說到神道教的神，正如「八百萬神」的說法，除了山、川、動物，或者發芽、結果等森羅萬象、巨木和岩石、鏡子、劍、偉人等，都可能成為崇拜的對象。

供神靈附體之物稱為「依代」，其中最具代表性之一的便是巨大的長青木。人稱「磐境」的特定岩石，也被視為是神明依附之所在。

另外，山本身也被視為神，例如奈良的三輪山*，就是所謂的「御神體」。直到現在，位於三輪山的大神神社仍舊是信仰中心。

古代的日本人一遇到天崩地裂等重大天災，就會將之視為是荒神發威；為了讓自己倖免於難，會舉辦祭祀敬神的活動。此外，人們也會藉由把身邊之物當作神加以祭祀，寄望能夠達到家庭平安、氏族繁榮、生活改善等目的。

從上述內容我們不難想像，**從神道教找不到統治人類，或者替信徒指引方向的神**。這點也是異於其他宗教的一大重要特徵。

有關神社的起源

神
只有在祭祀時
才會降臨
依代
神靈寄宿
其中
●磐境 ●神籬
神體山
山本身被視為神

整座山被視為御神體的三輪山全景。整座山的面積達350公頃，被松樹、杉木、檜木等大樹覆蓋。其中的一草一木都被視為有神靈寄宿而備受尊崇。

位於靜岡縣濱松市的天白磐座遺跡。至今仍保留著以巨岩群為神之依代（磐座）的祭祀遺跡。

---

* **三輪山**：位於奈良縣櫻井市的山，呈圓錐形。標高467.1公尺，範圍覆蓋周圍約16公里。位於西邊山腳的大神神社，供奉的是大物主神。

起源

神道教

神社供奉的神明和日本歷史有何關係？

可見眾神與天皇、朝廷之間的關聯

與神道教關係密切的歷史典籍為《古事記》（西元712年）和《日本書紀》（西元720年）。前者是由太安萬侶記錄由稗田阿禮口述有關天皇世系圖和民間傳承等內容，再加以編撰而成的史書，帶有故事性；後者由舍人親王*所編撰，記錄的是國家的正史。

這些史書的編撰目的在於記錄古代國家的成立經過，以及主張其正當性。從內容可以隱約看出，傳承於各地神社的眾神，和天皇與朝廷之間存在著某種關係。

原因在於，作為國家歷史而記錄的內容包含了各地土著政權崛起的神話，各地氏族的傳承也納入開國故事之中，再由朝廷統合。

舉例而言，根據《古事記》和《日本書紀》描述出雲地方的豪族將疆域讓給大和朝廷的「出雲讓國」的故事中，身為天皇皇祖的天照大神，答應出雲的大國主神建造天日隈宮。這個故事便是記述出雲大社起源的神話。

另外，天照大神的子孫邇邇芸命（天孫）降臨到日向的高千穗時，前來迎接的猿田彥神，則自行退居（或說前往）伊勢的五十鈴川一帶。後來，皇女倭姬命也抵達此地，以天照大神的神鏡鎮座此地。這就是敘述作為皇室式神的伊勢神宮起源的神話。

基於上述緣由，伊勢的神宮和出雲大社，自古即被視為日本的重要神社。

在《古事記》登場的神明們

伊邪那岐命
在眾神中和伊邪那美命結為世上的第一對夫婦，他們創造了日本諸島與諸神。

伊邪那美命
在開天闢地的過程中，最後因產下火神火之迦具土神時被火焚身而亡。

天照大神
創造出伊邪那岐命的神。被尊為眾神之首，被視為天皇家的祖神。

須佐之男命
天照大神的弟弟，最知名的事蹟是「擊退八岐大蛇」。他從大蛇尾部得到三種神器之一的草薙劍，再將之獻給天照大神。

天之御中主神
日本神話中首先登場的神。相傳在開天闢地時，是五柱之首。神名的意思是「坐落於天中央的神」。

大國主神
最具代表性的土著神。是出雲大社．大神神社祭祀的神，在《古事記》登場的次數很頻繁。

天宇受賣命
最為人所知的故事是「天岩戶」。為了把躲在天岩戶的天照大神往外拉時，他也助了一臂之力。也是天孫降臨時的五柱神之一。

邇邇芸命
天照大神的孫子。跟著其他四柱的神明，從天界的高天原降臨地面的葦原中國。

木花之佐久夜毘賣
與降臨在日向的天照大神的孫子邇邇芸命結為夫婦，生下後來成為神武天皇祖父的火遠理命。

火遠理命
邇邇芸命的三子之一。是在「海幸．山幸」故事中登場的山幸。孫子是日本第一代天皇的神武天皇。

＊ **舍人親王**：橫跨飛鳥時代和奈良時代的皇族政治家（生卒年是676～735年）。為天武天皇的皇子。另外也是知名的歌人，有3首作品收錄於《萬葉集》。

發展

神道教

為什麼神道教會成為「國家的宗教」？

被當作穩固政權之本所利用

大和朝廷為了國家的統一，除了祭祀自家一族氏神（同姓氏族的守護神）**的天社，也重新將祭祀從屬地的原住氏族的神明們的神社，以國社的名義納入國家祭祀體系，期望能藉此達到融合。**

律令制度＊確立後，朝廷也設置了名為神祇官的部門，進行國家的祭祀。遇到祈年祭、新嘗祭、月次祭、大祓等祭祀時，神祇官要向天地的諸神獻上奉幣。所謂的「幣」，意即貢品。

之後，朝廷把神社分為神祇官直接奉幣的官幣社與由地方的國司負責奉幣的國幣社。平安時代中期，國家制定了神社祭祀的制度；對律令有著詳細規定的「延喜式」，制定了社格制度，將神社的等級分為一宮、二宮等。

進入奈良時代以後，隨著佛教的興盛，傳統的神道信仰和佛教思想在互相影響的情況下，產生了「神佛習合」。就是以附屬其下的型態，在神社中另外建立寺院，讓神道教與佛教形成密不可分的關係，這類寺院則稱為「神宮寺」。

把神社納入國家管轄的制度雖然終究走向崩壞，到了明治時代，政府實行「神佛分離」政策，讓神社重新歸國家管轄。有些地區也發起打壓佛教的廢佛毀釋運動。**明治政府為了對抗既有的佛教勢力與西歐列強的基督教，企圖藉由「國家神道教」的建立，使其成為支持新日本的根基**。

於是，崇敬神社是身為國民的義務，也成為愈來愈普遍的認知。

近世～近代的神祇制度之演變

江戶時代	神佛習合	●僧侶有時也身兼神社的神職人員和僧侶。 ●神社和寺院可能同處於神社境內。
明治時代	神佛判然	●僧侶和神社的神職人員分別獨立。 ●神社和寺院是個別獨立的存在。

神社被定位成「國家的宗祀」

官幣社

祭祀的對象為對皇室祖神、天皇、國家有功的神明等。

國幣社

社格僅次於官幣社的神社。祭祀對象為有功於開拓地方和發展的神明等。

＊ **律令制度**：基於律令的政治制度，基於律（刑法）和令（行政法、訴訟法等）的國家統治制度。採用的是源自中國（唐）的律令制度。

發展

神道教

在日本，神道教和佛教處於何種關係？

有一邊受苦會因另一邊而得救的關係

前述已稍微說明了神佛習合。此一信仰基礎建立在「神身離脫」的思想上，意指神與我們同為受苦受難的存在，且因佛獲得救贖。因此，信徒們會為了神祇進行各式活動，如在神座前誦讀法華經之類的佛經。

另外，和佛教結合的八幡神也登場了。八幡神原本被祭祀於大分縣的宇佐，但到了奈良時代建立東大寺的大佛時，為了守護大佛，749年在奈良的手向山也建立了八幡宮。**於是，八幡神也成了佛教的守護神，這類神明稱為「護法善神」**。

到了平安時代初期，出現了「本地垂跡說」，使神佛習合的風氣變得更加興盛。其思想核心為佛陀和菩薩為了拯救世人，會暫時化身為神，以神的樣貌示人。這時，佛陀和菩薩為本地（本體），神則為垂跡（暫時的樣貌）。從此以後，原本不具實體的神，也開始成為被描繪的對象。

和神佛習合同時並行的是盛行於奈良時代後期～平安時代初期的御靈信仰。其思想核心為懷恨死去的人，其冤魂會作祟。為了安撫冤魂，必須替他們誦經迴向等。信奉因官場失意而含冤而死的菅原道真，稱得上是御靈信仰的典型之一。

另外，一般也認為把疫病發生的原因歸於御靈作祟的疫神信仰，同樣出自於御靈信仰。

神佛習合的具體內容有哪些？

8世紀以後盛行「神身離脫」的觀念 → 建立神宮寺 → 神前誦經：對神誦念「法華經」「大般若經」等佛經。 → 「護法善神」的觀念：守護佛教。

↓

本地垂跡說與其發展

本地

大日如來　阿彌陀如來　釋迦如來
地藏菩薩　觀音菩薩

垂跡

伊勢神宮　春日第一殿　日吉大宮
熊野三山證誠殿　春日第三殿　熊野三山禪師宮

生活

神道教等

聽說有很多日本人都沒有宗教信仰，真的嗎？

綜攝性信仰已成為日本的文化特徵

據說很多日本人沒有宗教信仰。不過，每到正月初一，神社和寺院都擠滿了新年參拜的人潮；家裡在辦喪事的時候，一般人也會請和尚來念經，以標準佛教儀式做法事的比例也很高。不僅如此，有新生兒的家庭，也會在孩子滿月後，全家前往神社參拜，還有在神社慶祝七五三節。

更何況，如果沒有宗教信仰，家裡就不會設置神龕和佛壇。我想幾乎所有的日本人平常都不會意識到這個問題，但是就像平常會講「神明、佛祖」，我想很多人都同時接受了神道教和佛教這兩方的信仰。

上述結果，可說是神道教和佛教相互影響的產物。佛教如果沒有傳入日本，神道教一定不會發展為現在的型態。以佛教而言，從中國和朝鮮半島傳入日本的大乘佛教，之所以發展得極具日本特色，也是拜自古流傳至今的神道信仰所賜。

被日本人稱為年度節慶和人生禮儀的習俗，包含了神道教、佛教、儒教、道教，甚至基督教等多種宗教元素。不過，幾乎所有人對此都沒有排斥感。**數種宗教上的傳統互相交織融合，甚至達深度融合的狀態稱為「綜攝性信仰」**。

以現今的標準看來，一個會到神社寺院參加新年參拜和七五三節，也有祭祀祖先習慣，但也不缺席耶誕節和萬聖節等基督教活動的人，並不值得大驚小怪。由此可見，**難道不是因為綜攝性信仰已經成為日本文化的特徵了嗎？**

《對日本人而言，神道教和佛教用途各有不同》

日本人的信仰對象不只一個

一個人可以同時接納好幾種宗教

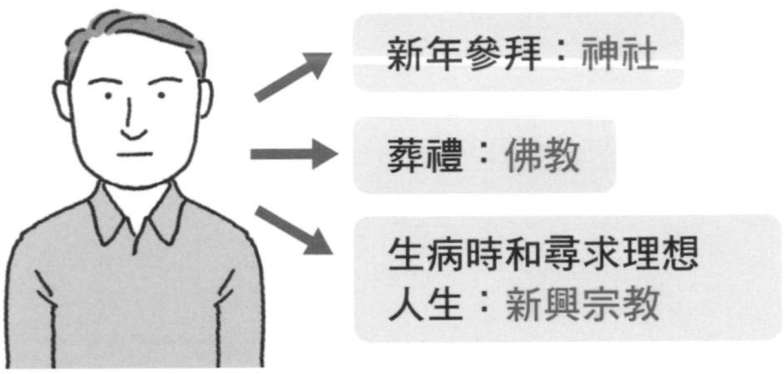

COLUMN

透過祭典確認神與人之間的連結

神道教的祭典，大多數和農耕儀禮息息相關。從年初的祈求豐收、春耕、夏季的驅除病蟲害、秋天的感謝豐收等，每一季進行的祭典，表現的都是該季的重要大事。

神道教的祭典，其精髓在於透過生活的各個節慶活動，向眾神表現出敬畏之意，並感謝神的庇佑。為了迎接神明，祭典的序幕是人們要潔淨自己的身心，接著在預備好的場地迎接神的降臨，並在神前供奉供品與神酒。

下一步是吟誦名為祝詞的祈禱文，向神表達自己的願望。接著進行神與人共飲神酒與共享神饌的儀式，確立神與人的連結。最後，在神離開祭典的會場後，祭典也即將畫下句點。

第5章

世界上的其他宗教

從土著宗教乃至新興宗教

起源

印度教究竟是什麼樣的宗教？

是宗教，也是規範日常生活的生活法則

印度教的信仰地區包括印度和東南亞。在全**世界國家人口第二多的印度，有8成的人是印度教的信徒。因此，有些人把它和基督教、伊斯蘭教合稱為世界三大宗教。**

大約在西元前1300年，雅利安人*入侵了印度，以武力征服或互相融合的方式在印度定居下來。

由雅利安人帶到印度，並在此發揚光大的除了吠陀教，還有種姓制度。

佛陀和耆那教的始祖筏馱摩那（請參照118～119頁）等人都曾大力抨擊吠陀教的種姓制度，而吠陀教在印度有段時間幾乎已完全銷聲匿跡。不過，在積極導入佛教和耆那教的優點之後，吠陀教終究以新的面貌捲土重來，成為更加走向大眾的民族宗教——印度教。

印度教不僅具備原始信仰和咒術，也擁有高度的神學和倫理體系。同時也透過種姓制度和生活制度，以及法制和習俗等規範日常生活的一切。

就這個意義而言，**有人認為印度教與其說是宗教，不如稱之為生活法則反而更加貼切。**

印度教有好幾部聖典，其中號稱最為古老也最根本的是吠陀經。吠陀經在印度教徒心目中享有至高無上的權威地位，相傳是遠古的仙人（歷經修行而獲得超人般能力的人）透過神祕的顯靈所得到的天啟。

吠陀教的發展與印度教的成立

吠陀教的發展

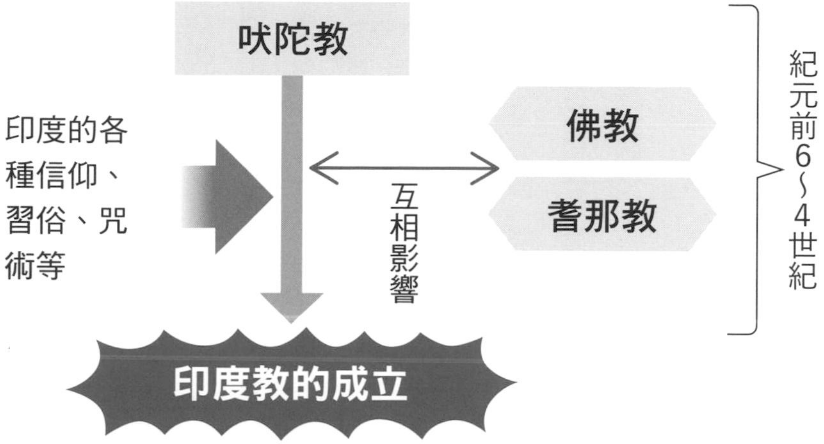

印度教的代表神明

---

* **雅利安人**：在西元前2000～1500年從中亞移居到伊朗和印度的民族。「雅利安」在梵語的意思是「高貴的」。

教義

印度教

為什麼印度教和種姓制度有關？

因為印度教的根本是支撐種姓制度的輪迴思想

說到印度教的教義，其特色之一是業（karma）、輪迴、解脫的概念。簡單來說，印度教認為人死後不會化為虛無，而是依照各自的業報，在來世得到新的肉身。所謂的業，意即行為。每個人的所作所為，都會當作業累積在今世，最後依照善業或惡業，決定來世的命運。而生死不斷循環，就是所謂的輪迴。

印度教最終極的目標就是從業、輪迴得到完全的自由，也就是解脫。

談到印度教時，絕對不能不談種姓制度。如左頁所示，種姓制度基本上分為四個瓦爾那（人的種類）和無數的吉迪（身分、職制），將兩者合在一起，就是所謂的卡斯特（種姓）制度。

種姓制度採世代相傳制，身分和職業都受到規定，每個人不能隨意改變。不過，只要在今世累積善業，來世的種姓便會提高。

當然，累積惡業的話會導致相反的結果，因此，**種姓制度可說是建立在輪迴思想的基礎上**。

原則上，只有同一個種姓的人才能通婚，不過，如果男性要娶種姓階級較低的女性，似乎不會受到太大的刁難。

因為制度使然，很多種姓階級低的人，為了解脫而改信佛教和伊斯蘭教，而且基於對種姓制度的不滿，也催生出錫克教等新的宗教。

已在印度根深蒂固的種姓制度的概要

生活在印度不同種姓階級的人。

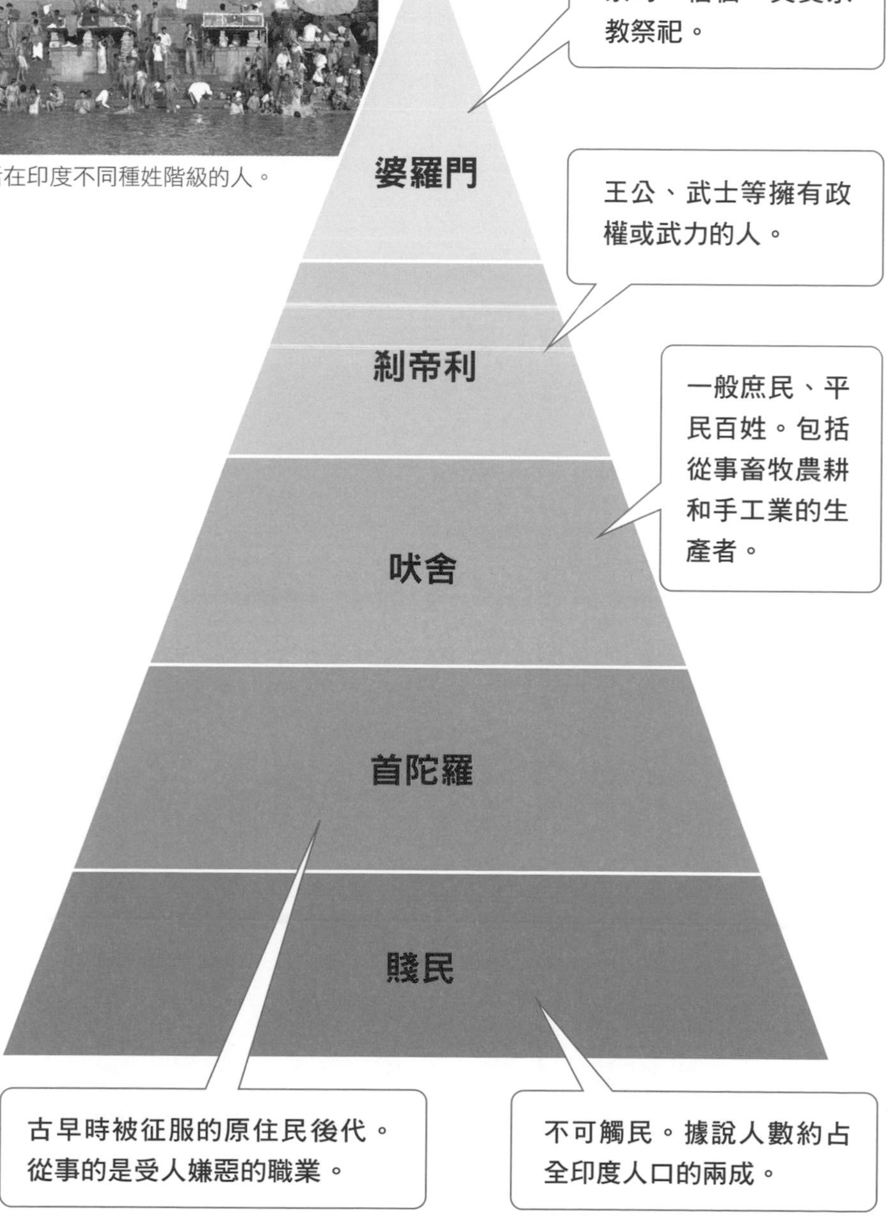
祭司、僧侶。負責宗教祭祀。

婆羅門
王公、武士等擁有政權或武力的人。
剎帝利
一般庶民、平民百姓。包括從事畜牧農耕和手工業的生產者。
吠舍
首陀羅
賤民
古早時被征服的原住民後代。從事的是受人嫌惡的職業。
不可觸民。據說人數約占全印度人口的兩成。

發展

印度教

為何印度教會推廣到東南亞?

這是以和平、愛、奉獻為口號的傳教活動所帶來的成果

印度教為多神教，信奉眾多神明。**其中又以毗濕奴和濕婆兩位神明廣受信徒支持，發展出毗濕奴和濕婆兩個宗派**。毗濕奴派強調的是要完全皈依於神，只要得到神的恩惠就能解脫；濕婆派則是以瑜伽修行或苦行為特色。

這兩位神明和梵天合稱為三相神＊。

印度教並不是靠著蠻力傳教，而是以「和平、愛、奉獻」為口號，從事傳教活動，並逐漸傳播至印度周邊的東南亞各國。包括尼泊爾、柬埔寨、新加坡、模里西斯、一部分的印尼等地，都有印度教的信徒。

印度教在這些國家各有不同的發展，也在當地孕育出該國特有的文化。

舉例而言，位於柬埔寨的吳哥窟，保存了建於12世紀吳哥王朝的印度教寺院的遺跡。

吳哥窟在16世紀後半被改建為佛教寺院，至今仍是上座部佛教的寺院。目前已被指定為世界遺產，吸引眾多觀光客到訪。

另外，**印尼雖然是東南亞的伊斯蘭大國，唯有巴里島信仰印度教，孕育出獨樹一格的文化**。

據說巴里島人原本是一支從西藏遷移到北印度，而且信仰印度教的民族。不過他們後來又移居到東南亞，最後在巴里島落地生根。

在東南亞開枝散葉的印度教

以普蘭巴南寺為中心，位於印尼爪哇島中部的印度教寺院——普蘭巴南寺廟群。建於9世紀。此寺院是印尼最大的印度教寺院。

流傳於巴里島的烏魯瓦圖神廟的傳統舞蹈——卡恰火舞。

位於南印度海岸城市馬馬拉普拉姆的海岸神廟。在這間古老的寺廟可欣賞到許多雕刻。

* **三相神**：毗濕奴、濕婆、梵天這三位神，是印度教對宇宙的維持、破壞、創造的功能分別神格化的概念。

起源

猶太教

猶太教的誕生，果真是因為猶太人是被神所揀選的人嗎？

耶和華的「選民」思想是猶太人的身分認同

正如字面上的意思，猶太教是猶太人信仰的民族宗教。為一神教，擁有相當悠久的歷史，也稱得上是基督教和伊斯蘭教的源流。

猶太教崇拜的是開天闢地的唯一真神「耶和華」，信仰奠基於猶太人是耶和華所揀選的「選民思想」。

此思想的具體內容為，耶和華為了在世上實現正義與公正，揀選了以色列人民的始祖——亞伯拉罕、以色列的人民，以及以色列的民族領袖——摩西。換言之，**只有以色列的人民，即猶太教徒，才是唯一真神所揀選的人**。

猶太教的聖典是《希伯來聖經》，詳情容待後述，其內容就是基督教的《舊約聖經》。

與其說猶太教是單純的宗教，將之稱為猶太人對自己的身分認同以及嚴格的律法規範更為貼切。

大約在西元70年，羅馬軍隊進攻耶路撒冷，焚毀了聖殿，並禁止猶太人繼續居住在耶路撒冷。**之後，失去祖國的猶太人流散在世界各地，直到1948年以色列建國，總共經歷了1800年以上的流浪生活**。

為了民族的團結，猶太教要求教徒們嚴格遵守教義。猶太人雖然分散在世界各地，但是在名為拉比的指導者的教導下，以猶太會堂為主要據點，持續將猶太教的教義與民族傳統傳承下去。

猶太人流離失所的始末

西元70年左右：耶路撒冷神殿因羅馬軍隊入侵而遭焚毀

流浪的生活

耶路撒冷神殿遭受破壞之後，猶太人民為了尋覓居住的地方，不得不輾轉流浪。

猶太人的分布地區

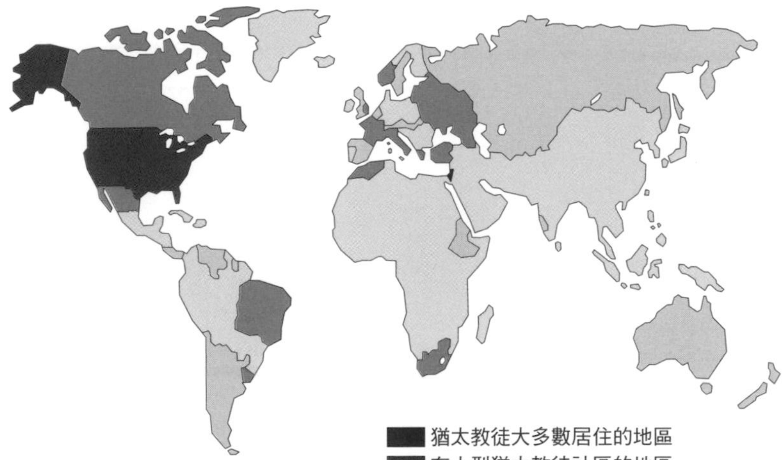

1948年：以色列建國

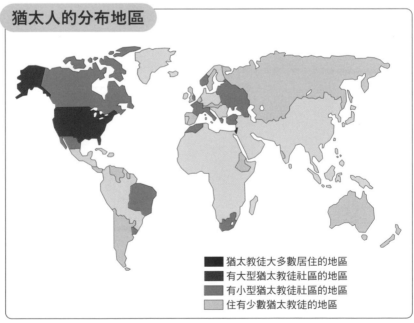

教典

猶太教

猶太教有哪些聖典？

猶太教的中心思想是《摩西五經》《塔木德》

成為「永世流浪者」的猶太人，為了尋找自己的根源，開始覺得猶太教需要擁有自己的聖典。因此**在西元90年召開了宗教會議；會議之後，猶太教徒的聖典《希伯來聖經》也誕生了**。

《希伯來聖經》的內容和基督教的《舊約聖經》一樣。開頭的〈創世紀〉〈出埃及記〉〈利未記〉〈民數記〉〈申命記〉稱為《摩西五經》，被視為神聖的律法（妥拉）。理由在於，猶太教徒相信律法都是神在西奈山頂啟示給摩西的內容。因此，被猶太教徒視為最重要的聖典。

地位僅次於《摩西五經》的是名為《塔木德》的口傳律法書。若說前者的內容以猶太教的教義為主，那後者等於網羅了生活上的大小問題，對於離鄉背井的猶太人而言，可說是日常生活的行為規範與處事準則。

學習律法，對猶太教徒是再基本不過的事。其核心為613條戒律，其中也包括摩西的十誡。十誡除了是基督教的戒律，對猶太教而言也是重要性無可取代的戒律。「割禮*」和「符合猶太教規食品」都視為應嚴格遵守的戒律，對於可食與不可食的食材，也制定了相當嚴格的規定。

流散在世界各地的猶太人，拜遵守《塔木德》對信仰與生活上的行動規範所賜，也得以一直維持身為猶太人的自覺。

猶太教的教典 ～律法與《塔木德》

律法

創世紀　出埃及記　利未記　民數記　申命記

合稱為妥拉或摩西五經，
相當於基督教的《舊約聖經》前五卷。

↓

塔木德

種子篇　節期篇　婦女篇　損害篇　聖物篇　潔淨篇

記錄摩西口傳留下的啟示，加上拉比的注釋後
更為完整。

摩西十誡

一、除了耶和華，不可敬奉別的神。
二、不可雕刻偶像。
三、不可妄稱耶和華神的名。
四、應當工作六日，但是第七日是向耶和華你神當守的安息日。
五、尊敬父母。
六、不可謀殺。
七、不可姦淫。
八、不可偷盜。
九、不可作僞證陷害他人。
十、不可貪圖鄰人的房子。

---

* **割禮**：基於文化和宗教上的理由，切除男性生殖器官的部分包皮的習俗。此舉被視為與神訂下契約的象徵，都是在嬰兒出生後不久進行。

發展

猶太教

猶太教、基督教、伊斯蘭教之間有什麼樣的關係？

同樣以耶路撒冷作為聖地的關係至今仍然存在

西元前1世紀，耶路撒冷被羅馬帝國征服。

到了西元1世紀，拿撒勒人耶穌因批判猶太教，被猶太教的高層引渡至羅馬帝國以定罪。最後，耶穌被釘在各各他山的十字架上。此地目前已建立了聖墓教堂。

之後，基督教在羅馬帝國得到了國教的地位。因此，**猶太人和猶太教也開始受到長期的歧視與迫害**。

猶太人雖然也挺身對抗羅馬帝國的暴政，但並未成功，神殿也因此遭受焚毀。

只有圍繞著神殿山丘的部分城牆沒有被拆毀。**這道牆人稱「嘆息牆」，也成為猶太教徒的心靈故鄉**。

7世紀以後，隨著伊斯蘭教勢力的崛起，耶路撒冷也被其納入管轄範圍。穆斯林在以往猶太教神殿所在的「聖殿山」，建立了名為「岩石圓頂」的清真寺。

相傳被放置在岩石圓頂中央的岩石，是先知穆罕默德的升天之地。**對穆斯林而言，岩石圓頂及岩石圓頂所在的耶路撒冷，都是最神聖的所在**。

然而，伊斯蘭教對其他宗教表現出寬容的態度。**除了十字軍為了收復耶路撒冷，出兵驅逐了穆斯林和猶太教徒這大約1世紀的時間，其他時候耶路撒冷都一直是這三個宗教的共通聖地**。

猶太教、基督教、伊斯蘭教之間的關係

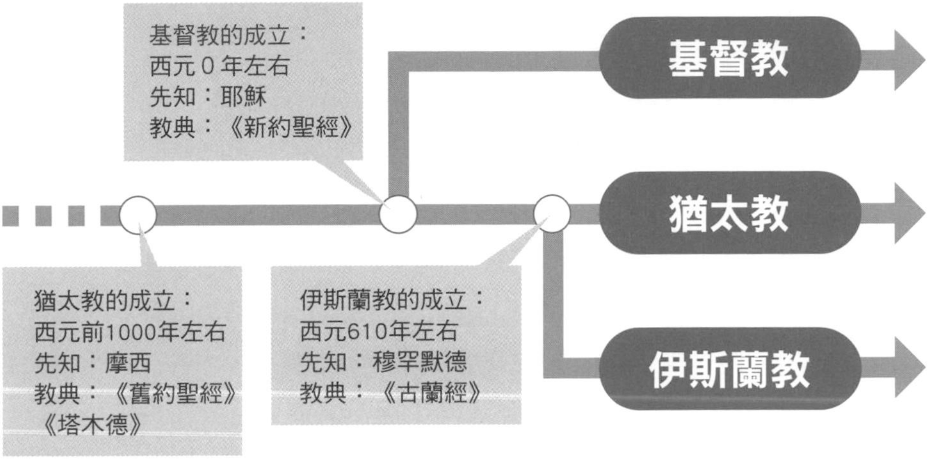

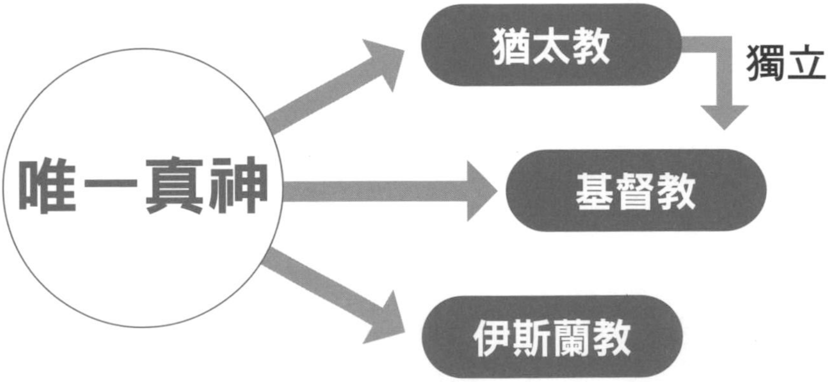

被破壞的猶太教神殿的部分城牆仍保留至今，人稱嘆息牆。

起源

錫克教

源自於印度的錫克教是什麼樣的宗教？

聖典和上師（guru）的話被視為真理，徹底追隨

錫克教是16世紀初，發源於印度西北部的宗教。創始者是在種姓制度中隸屬於武士階級（剎帝利）的那納克（1469～1539年）。

錫克教原本是印度教的一個派別，但是受到伊斯蘭教強烈的影響，所以否定多神教，信奉唯一真神，同時也反對種姓制度造成的階級差異和人種差別待遇。

那納克否定教條主義，並不主張自己的宗教優於其他宗教，而是以**站在博愛主義和平等主義的基礎上，建立一個以民眾所主體的宗教為目標**。他在33歲那一年，某天受到神的啟發，此後耗費25年光陰，以自己的啟發經歷，展開全印度傳道之旅。除了印度，他的足跡也遍及阿拉伯的麥加和麥地那、中亞和波斯等地。

後來回到故鄉的那納克，把贊同自己理念的人聚集起來，為教團成立打下基礎，企圖藉由建立一個超越現有宗教，實現社會與文化上的改革。透過這樣的作為，那納克在印度教徒和穆斯林心目中也有聖人的地位；以宗教方面的建樹而言，在印度文化圈中確實是值得記上一筆的存在。

順帶一提，錫克（shishya）一詞源自梵文的「弟子」，其導師就是古魯（guru）。**將聖典和上師（guru）的話視為真理，徹底追隨，是錫克教的特徵之一**。

此外，錫克教反對偶像崇拜＊，所以禮拜堂不會出現神像和聖像畫。

錫克教具備以下的特質

教祖：那納克

位於錫克教聖地阿姆利則的金廟，也被稱為「黃金寺院」。阿姆利則是16世紀後半由錫克教教徒所建立的城市。

●錫克教徒在印度各邦的分布比例

州	教徒的比例（2011 年）
旁遮普邦	58.0%
恰蒂斯加爾邦	13.1%
哈里亞納邦	4.9%
首都新德里	3.4%
烏坦拉坎德邦	2.3%
查謨和喀什米爾邦	1.9%
拉賈斯坦邦	1.3%
喜馬偕爾邦	1.2%

＊ **偶像崇拜**：把以土、木、金屬等材質製成的神佛像和畫像當作信仰的對象加以崇拜。在猶太教、基督教、伊斯蘭教等都屬於禁忌。

錫克教為何會成為武裝集團？

為了對抗蒙兀兒王朝的統治而向軍事化發展

16世紀後半，印度由信仰伊斯蘭教的蒙兀兒帝國*所統治。錫克教為了對抗帝國的壓迫，**在第十代古魯戈賓德·辛格在位時期，發展為半武裝的宗教組織（khalsa），以對抗蒙兀兒王朝的統治**。

錫克教在18世紀建立了統一的王國。錫克帝國組建了西式軍隊，是鄰近國家都要忌憚幾分的強國。19世紀，錫克帝國和當時入侵印度的英國進行了激烈的戰爭，結果敗給英國。

英國也藉由這場勝利，順勢支配了整個印度。

到了1947年，當印度和巴基斯坦分別從英國獨立時，錫克教徒選擇了歸屬印度。

錫克教的聖典是《阿底格蘭特》。由第五代古魯阿爾瓊在位時所彙整而成，內容包括歷代古魯說過的話、寫過的詩篇和聖歌。

後來，錫克教依照第十代古魯戈賓德·辛格的遺言「不再延續古魯的傳承，改以聖典為古魯」，從此之後，聖典就被視為古魯了。

另外，如左頁所示，錫克教徒的衣著打扮必須符合「5K」的原則。**這樣的裝扮是第十代古魯戈賓德·辛格在發展武裝組織時決定的**。

錫克教徒身上的「5K」

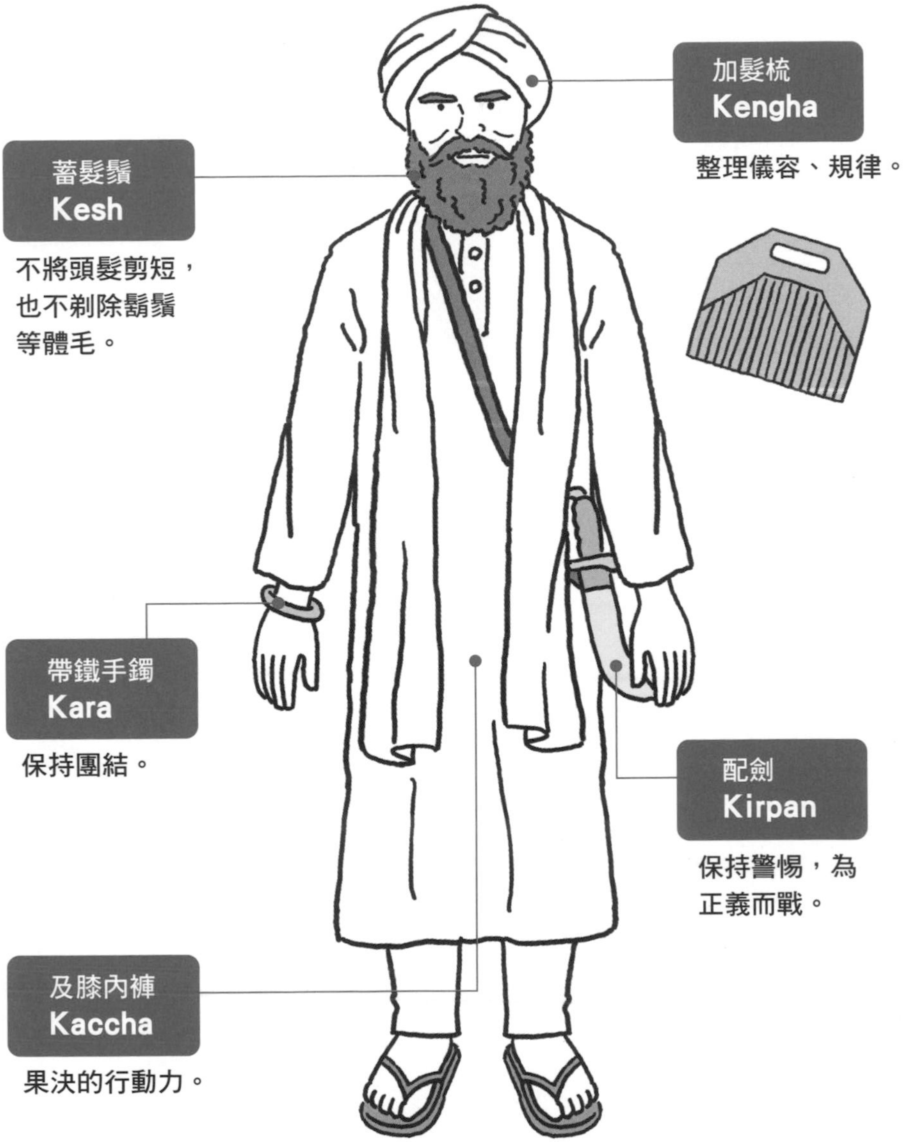
加髮梳
Kengha
整理儀容、規律。
蓄髮鬚
Kesh
不將頭髮剪短，也不剃除鬍鬚等體毛。
帶鐵手鐲
Kara
保持團結。
配劍
Kirpan
保持警惕，為正義而戰。
及膝內褲
Kaccha
果決的行動力。

* **蒙兀兒帝國**：印度史上最大的帝國。1526年建國。第三代皇帝阿克巴時期統治了整個北印度。之後，因西歐勢力的入侵而急速衰退，最後在1858年被英國滅亡。

起源

儒教

在中國誕生的儒教，其信仰內容為何？

被視為在亂世中解救蒼生的思想而誕生

儒教的誕生源自於生於中國春秋戰國末期的思想家孔子（西元前552年～西元前479年），**建構了為了拯救亂世蒼生的思想。其根本思想在於，與其使用刑法治國，應該以道德和禮儀教化人**。此思想後來由受業於孔子門人的孟子（西元前372年～西元前289年）所繼承，並加以發揚光大。

儒教在漢武帝*時期，也就是西元前136年被定為國教。以帝王學和君臣之道的學問為定位，主要在政治的世界獨步發展。

順帶一提，之所以稱為「儒教」，意義在於與外來的「佛教」對抗，據說儒教大約誕生於西元300年。

儒教的經典是《四書五經》。四書包括《大學》《論語》《孟子》《中庸》，是學習儒教的基本書目，記述了儒家倫理的基本道德觀、孔子和孟子生前與門人之間的對話。

所謂的五經是《詩經》《書經》《禮記》《易經》《春秋》。講述的是儒教最重要的「仁、義、理、智、信」這五德。

儒教的教誨中，特別針對人際關係設定五種德目，稱為「五倫」。其具體內容如左頁所示，分別是父子、君臣、夫婦、長幼、朋友等人與人之間相處時應遵守的規範。換言之，就是有關親、義、別、序、信的教誨。

「五倫」制定了人際關係的基本原則

君臣有義
君臣之間有道德、倫理。
父子有親
父子之間有親情。
夫婦有別
夫婦的職責有別。
長幼有序
年幼者要尊崇年長者。
朋友有信
朋友之間要互相信賴。

孔子
孟子

* **漢武帝**：中國西漢（西元前206年～西元8年）的第七代皇帝（在位期間是西元前141年～西元前87年）。在他執政的期間，是西漢的全盛時代。

起源

道教

為道教教義核心的「道」到底是什麼？

其發展結合了民族的精神文化與生活信條

道教和儒教都號稱是中國的本土宗教。換個角度來說，也可以說是與中華民族的精神文化、生活信條緊密結合的民族宗教。

據說，在漢朝以前發展的各種「自然崇拜」「神仙信仰」「咒術信仰」「祖先崇拜」等也融合在道教之中。

一般認為老子*是道教的創始者，但也有人提出不同的看法。第一，有人認為老子是否實際存在都有待商榷；第二，被視為道教前身的太平道和五斗米道等成立時間在2世紀中期，和相傳老子在世的西元前6世紀相隔了數百年之久。

道教的思想核心是「道」和「無為而治」。道教說的「道」，意味著人類智慧望塵莫及的宇宙自然法則。因此崇尚「不做過多的干預，順其自然＝無為而治」的處世方針。

隨著道教逐漸擴展為民間信仰，其典籍也不斷增加，內容包括內在修行的方法、如何習得仙術等。因此登場的仙人和神仙也愈來愈多，隨著時代的變遷，展現出更豐富多元的樣貌。

據說道教和佛教一樣都傳入了日本。不過在日本，道教並未全面性獲得獨立宗教的地位。不過，**道教之一的咒術信仰，倒是以「鬼道」的身分，深深地滲透日本文化**。

值得一提的是，運用道術的陰陽師在日本發展出獨樹一格的陰陽道。以根本的部分而言，陰陽道和道教有許多共通點。

道教的代表性神明有哪幾位？

關聖帝君

武將關羽的神格化。在宋代是道教信仰的護法神。

玉皇大帝

天、上帝、天帝的概念加以神格化。在宋代成為等級最高的神。

十殿閻羅

掌管陰間的王，也稱冥府十王。十王的存在融合了佛教的冥界與中國傳統思想。在日本佛教的民間信仰中，十王成了「十三佛」。

海龍王

融合了漢代的海龍王傳說與佛教的龍王信仰，成為民間信仰的神。龍王＝雨神的形象已深植人心。

太上老君

老子被神化的稱呼。在新天師道是最高等級的神。

＊ **老子**：中國古代的思想家，生卒年不詳，衆說紛紜。有一種說法是生於西元前6世紀，也有人認為是前4世紀，甚至也有其實是神話人物的說法。老子的意思是「偉大的人」。

起源

耆那教

在印度延續了2500年的耆那教，到底是什麼樣的宗教？

和佛教相似，但戒律的內容更為嚴格

耆那教在印度流傳的歷史已有2500年，其始祖為筏馱摩那。他的在世時間有部分和佛陀重疊。**耆那教的教義和佛教有許多共通之處，差異在於其戒律較佛教嚴格許多，以徹底的苦行和禁慾主義為主要特徵**。

筏馱摩那出身於剎帝利（貴族、武士）階級，他在30歲時出家，在歷經12年的苦行後終於悟得真理，成為Jina（勝利者），Jina也成為耆那教的教名由來。

說到戒律，出家者必須遵守五誓言。包括：①不殺生、②不妄語、③不偷竊、④純潔行、⑤不執著。其中的①又名Ahimna（非暴力），被耆那教徒視為最重要、也最嚴格的戒律。

耆那教把萬物都視為有生命之物。動植物自不在話下，他們認為即使是土地、水、火、風、空氣等也具有靈魂。因此，為了不傷害空氣中的微小生物，耆那教的出家僧侶外出時會配戴口罩，而且隨身攜帶掃把，以免不小心誤踩路上的生物。

另外，他們也徹底執行不執著的戒律。有些派別連衣服都不穿，稱為空衣派或裸行派。相較於此，也有派別只穿白衣，名為白衣派。順帶一提，裸行派沒有女性出家信徒。

如同上述，**耆那教的戒律十分嚴格，所以目前在印度的耆那教信徒只有兩百萬人**。他們從事的職業，據說以不太有機會殺生的商業居多。

耆那教的嚴格戒律

不殺生　不傷害生命

不妄語　不說謊話

不偷竊　不盜取別人的財物

純潔行　禁止性行為

不執著　不擁有私人財產

為了徹底遵守不殺生戒律的裝扮

位於印度小城克久拉霍的神廟群中的某間耆那教寺院。

起源

祆教

把神分為善神與惡神的祆教是什麼樣的宗教？

其世界觀和教義影響了許多宗教

祆教大約在西元前6世紀發源自古代伊朗（波斯），是古代宗教之一。創始者是先知瑣羅亞斯德（另一個傳世之名是查拉圖斯特拉），**因為以火為崇拜對象，因此又名「拜火教」**。

祆教的勢力在阿契美尼德王朝（波斯第一帝國）時期擴大，到了薩桑王朝（波斯第二帝國。西元前3世紀～西元7世紀）被定為國教。然而，到了7世紀後半，隨著伊斯蘭教的抬頭，以波斯帝國為主要發展地區的祆教也逐漸衰退，並將重心轉移到印度。

印度的祆教教徒被稱為帕西人。其中有不少人擁有龐大的財力與權勢地位，雖然在印度屬於少數分子，目前卻依然發揮強大的影響力。

祆教教義的最大特色是惡善二元論與末世論。根據其經典《阿維斯陀》的記述，這個世界由地位最高的神阿胡拉・馬茲達所率領的善神集團，與惡神安格拉・曼紐互相對抗。雙方進行的是生命／光明與死亡／黑暗的戰鬥。但經過最後的審判＊，善神終獲勝利，再度誕生於全新的理想世界。

祆教要求人要做到善思、善語、善行，而且相信人死後要接受審判，決定上天堂或是下地獄。

值得注意的是，祆教的世界觀和最後的審判等觀念，影響了之後的許多宗教。

與阿胡拉・馬茲達對峙的七大惡魔

阿胡拉・馬茲達

祆教的主神

依照天空、水、大地、植物、動物、人、火的順序創造了世界。

對峙

安格拉・曼紐

大魔王。創造出死亡、虛偽、疾病、凶暴等各種邪惡的存在。

達妻摩蒂

代表「叛教」的惡魔。與信仰的虔誠呈對立。

賈西

女惡魔。控制賣春的女性。

巴里加

朵魯斯雅、柯南莎蒂、慕修這3個女惡魔的總稱。

德魯傑

帶來疫病的女惡魔。也會打亂自然現象的秩序。

艾什瑪

掌管憤努與慾望的惡魔。會煽動人們犯罪。被視為是基督教的惡魔阿斯摩太的原型。

阿茲・達哈卡

擁有三頭三口，會噴火和毒液。會化為人形出現在世上，煽動正直的人犯下惡行。

＊ **最後的審判**：猶太教、基督教、伊斯蘭教都有的世界觀，認為當世界的末日來臨時，每個人會依照生前的所作所為決定上天堂或下地獄的宗教思想。

起源

巴哈伊教

從伊斯蘭教衍生出來的巴哈伊教是什麼樣的宗教？

教義是宗教同源

巴哈伊教的創始者是巴哈歐拉的伊朗人。此宗教是從伊斯蘭教什葉派所衍生的巴比教再衍生而來。所謂的巴比教，由創始者巴孛在1844年創立；創立後，立刻在伊朗遍地開花。

然而，巴比教卻受到當時在伊朗執政的卡札爾王朝激烈的打壓，巴孛本人也被處以極刑。而繼承巴孛遺志的正是巴哈歐拉。巴比教的信徒有大半都轉為追隨巴哈歐拉，於是巴哈伊教也成立了。

巴哈伊教把創始者巴哈歐拉和巴比教的創始者巴孛都視為先知，加以崇拜。另外，**基於教義為宗教同源的信仰核心，他們也提倡以人類的和平與統一為終極目的，並主張排除所有種類的偏見、實踐兩性平等、強調科學與宗教的協調、消除貧富差距等**。

巴哈伊教把「19」視為神聖的數字，擁有獨特的曆法，將一個月設為19天，一年有19個月。每月的1號會舉辦信徒的聚會，一起誦讀經典和祈禱，討論教務。到了年底的19月，從日出到日沒這段時間禁食。

巴哈伊教目前的總部設於伊朗的海法，在全球信徒的奉獻下，也建設了靈曦堂，另外也附設醫院和學校等設施。

巴哈伊教是一種開放性的宗教，也積極參與社會活動。據說信徒廣布於伊朗、印度、美國、西歐等地，號稱有700萬人。

以關鍵字認識巴哈伊教

禮拜
巴哈伊教的戒律寬鬆，但有做禮拜的義務。

冥想
為了尋找經典的本質而設。有別於禮拜，一天進行兩次。

聖約
為了維持信徒的團結，保持和諧所簽訂的聖約。

禁食
執行的時間是巴哈伊曆的最後一個月19月，從每天的日出到日沒。

巴哈伊教的創始者巴哈歐拉

巴哈歐拉的教義

1 人類一體。
2 獨立探求真理。
3 達成世界和平。
4 消除一切形式的偏見。
5 男女擁有平等的機會、權利、人權。
6 普及義務教育。
7 宗教與科學並行不悖。
8 消除極端的貧窮與富有。
9 設立國際法院。
10 普及輔助語言。
11 服從自己國家的政府。
12 宗教存在的目的是為了世界大同。

位於以色列的巴哈伊世界中心

起源

新興宗教

近代的日本出現了哪些宗教？

共有數百個分屬於神道系和佛教系的宗教正在活動

前面已經提到，日本政府在明治時期施行「神佛分離」，確立了神社由國家管轄的制度（請參照90～91頁）。

在這個過程中，神社不傳教、不教化，而是由教派神道的神職人員負責教化。

1876年黑住教和神道修成派自立門戶，再加上1908年得到政府承認的天理教，最後共分為13個教派，稱為神道十三派。

神道十三派包括黑住教、神道修成派、出雲大社教、扶桑教、實行教、神習教、大成教、御嶽教、神道、神理教、禊教、金光教、天理教。

黑住教、天理教、金光教等都是創設於幕府末期，不過一般還是把它們和在近代陸續誕生的新宗教運動和團體總稱為「新興宗教」。累計至今的新興宗教，少說也有幾千個，但目前確實仍在活動的僅有數百個。

新興宗教可大致分為神道系和佛教系兩大類。以神道系而言，教祖創教的契機有一大部分是歷經被神明降駕附身的體驗。而佛教系則以創始者為了以更淺顯易懂的方式，讓更多人接受自己原本信仰的佛和菩薩的型態最為常見。佛教系不外乎日蓮法華宗或密教系統，幾乎沒有例外，也幾乎見不到屬於禪宗和淨土宗的情況。

有關新興宗教，特徵包括教祖大多被視為下凡入世，以一般人面貌現世的神或佛。教義多以淺顯易懂的字句表達，以現世利益*為目標。

日本的傳統宗教與新興宗教有何不同？

	傳統宗教	新興宗教
創始者	大部分都是宗教人士出身。	平凡的白領階級或農民成為教祖的情況很多。
教師的資格	大多需要在所屬宗派、教派的學校取得資格。	無特別的學校。
組織	組織教團在當地發展。	有時候會增加分部、分派。
教義	有時候會出現不易理解的教條。	用淺顯易懂的方式表達。

位於奈良縣天理市的天理教教會總部，占地相當遼闊。據說中庭的面積相當於一個棒球場。

* **現世利益**：在這一世可以獲得的利益。有些佛教的宗派相信藉由念佛和誦經，可以得到長壽、除病消災的利益。

——宗教是否能夠回應源自內心深處的不安呢

自己究竟是為了什麼而存在於這個世界呢？

自己死後會變成什麼樣呢？

人類在漫長的歷史中，為了解決這些最根本的不安與煩惱，一直想盡辦法要找到滿意的解答。但對大多數人而言，要找到答案並不容易。

尤其是有關死後的世界，更是成為人類煩惱不已的一大根源。如果能夠很有系統地回答這個問題，就能稱之為宗教。因為每一個宗教的教義對人死後的去處都各有不同的解釋。

舉例而言，有的宗教認為人死後會接受最後的審判，決定上天堂還是下地獄，也有的宗教認為來世的去處會依照生前的行為而定，甚至也有的宗教認為信仰心堅定的人有資格前往極樂淨土，或者人死後都會前往黃泉之國*等。

如同上述，每一種宗教透過各自的教義，發揮了舒緩的效果，減輕人們對死亡的不安。換個角度來說，或許將宗教稱為人類對死亡與天災的恐懼與不安下的產物也不為過。

不過，從一些蛛絲馬跡，可以看出人類的生死觀最近已經改變。因為信奉日本的某些特定宗教，認為不需要舉行傳統葬禮的人愈來愈多了。採用灑葬、環保自然葬等方式為往生者送行的做法也愈來愈為人所接受。

舉例而言，樹葬也包含在環保葬之內。所謂的樹葬，就是把骨灰埋藏在樹木根部，而這類嶄新的葬禮方式，應該會逐漸成為未來的趨勢。

隨著現代社會日趨複雜，想必無可避免地會造成人心惶惶吧。在這樣的情況之下，不論形式為何，相信很多人還是會持續尋覓一盞替自己指引方向的明燈吧！

有關死後的各種見解

天國與地獄

死後

生前的作為 → 善 → 天國

生前的作為 → 惡 → 地獄

輪迴轉世

見於印度教、佛教的概念

前世　今生　來世

人和動物等 →

→ 天界

→ 人間

→ 地獄等

亡者之國

神道教也有這樣的概念，認為人死後會前往亡者的國度（黃泉）。

＊ **黃泉之國**：所謂的黃泉，在日本神話中指的是死者的世界。黃泉意指「位於地下的泉水」。在《古事記》《日本書紀》《風土記》等都有相關記述。

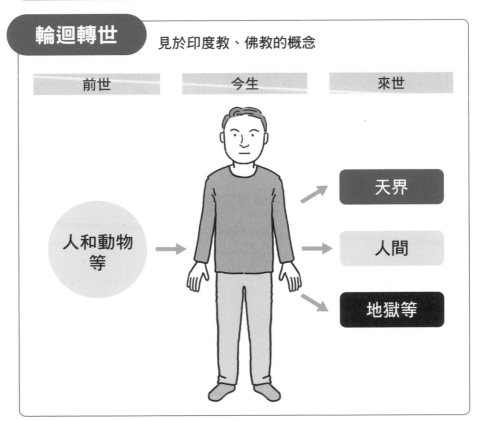

主要參考文獻

『世界の宗教 知れば知るほど』（星川啓慈監修、実業之日本社）、『図解雑学 宗教』（井上順孝著、ナツメ社）、『オールカラーでわかりやすい！世界の宗教』（渡辺和子、西東社）、『聖書』（聖書協会共同訳、日本聖書協会）、『イスラームの生活を知る事典』（塩尻和子・池田美佐子著、東京堂出版）、『岩波 イスラーム辞典』（大塚和夫他編集、岩波書店）、『岩波 仏教辞典』（中村元他編集）『神道事典』（國學院大學日本文化研究所、弘文堂）ほか。そのほか関係する各Webサイト等を参照しました。

國家圖書館出版品預行編目資料

世界宗教：從教義、教典乃至歷史，一本了解重要宗教的精髓！／星川啓慈著；藍嘉楹譯.
— 初版. — 臺中市：晨星出版有限公司，2022.03
面；公分. —（知的！；189）

譯自：眠れなくなるほど面白い 図解 世界の宗教：教義、教典から歴史まで大宗教の中味がわかる！

ISBN 978-626-320-075-3（平裝）

1.CST：宗教

200　　111000268

知的！189

世界宗教

從教義、教典乃至歷史，一本了解重要宗教的精髓！

眠れなくなるほど面白い 図解 世界の宗教

作者 星川啓慈
內文設計 Isshiki
內文插圖 竹口睦郁
內文照片 フォトライブラリー、ピクスタ
譯者 藍嘉楹
編輯 吳雨書
封面設計 ivy_design
美術設計 曾麗香

創辦人 陳銘民
發行所 晨星出版有限公司
407台中市西屯區工業30路1號1樓
TEL：（04）23595820
FAX：（04）23550581
http://star.morningstar.com.tw
行政院新聞局局版台業字第2500號
法律顧問 陳思成律師
初版 西元2022年3月15日　初版1刷

讀者服務專線 TEL：（02）23672044 /（04）23595819#212
讀者傳真專線 FAX：（02）23635741 /（04）23595493
讀者專用信箱 service @morningstar.com.tw
網路書店 http://www.morningstar.com.tw
郵政劃撥 15060393（知己圖書股份有限公司）
印刷 上好印刷股份有限公司

掃描QR code填回函，
成爲晨星網路書店會員，
即送「晨星網路書店Ecoupon優惠券」
一張，同時享有購書優惠。

定價350元

ISBN 978-626-320-075-3
"NEMURENAKUNARUHODO OMOSHIROI ZUKAI SEKAI NO SHUKYO"
supervised by Keiji Hoshikawa

First published in Japan by NIHONBUNGEISHA Co., Ltd., Tokyo

This Traditional Chinese edition is published by arrangement with NIHONBUNGEISHA Co., Ltd., Tokyo in care of Tuttle-Mori Agency, Inc., Tokyo through Future View Technology Ltd., Taipei.